国家中等职业教育示范学校创新教材

基础篇

总主编 王家青

主编 于立辉 李瑞双

人民交通出版社
China Communications Press

内 容 提 要

本教材是在校企合作共同实施人才培养的模式下,进行语文课程教学改革实践与研究的国家中等职业教育示范学校创新教材之一。本教材是根据教育部中等职业教育课程改革新大纲要求,以及中等职业学校语文教学的实际需要编写而成的。

《实用语文(基础篇)》从基础知识入手,根据学生认知特点,由易到难,内容分必修和选修两部分。必修内容包括钢笔楷书书写、实用口语交际、应用文写作、语文实践活动四个单元;选修内容包括阅读与欣赏、经典诵读两个单元。

本书可作为中等职业学校教学用书,也可作为中等职业学校语文教师的教学参考书。

图书在版编目(CIP)数据

实用语文. 基础篇 / 王家青, 于立辉, 李瑞双主编. —— 北京:人民交通出版社,2012.8
ISBN 978-7-114-09991-5

Ⅰ. ①实… Ⅱ. ①王… ②于… ③李… Ⅲ. ①语文课 – 中等专业学校 – 教材 Ⅳ. ①G634.301

中国版本图书馆CIP数据核字(2012)第 182601 号

国家中等职业教育示范学校创新教材
Shiyong Yuwen Jichupian

书　　　名:	实用语文(基础篇)
著 作 者:	王家青　于立辉　李瑞双
责任编辑:	王金霞
出版发行:	人民交通出版社
地　　　址:	(100011)北京市朝阳区安定门外外馆斜街 3 号
网　　　址:	http://www.ccpress.com.cn
销售电话:	(010) 59757973
总 经 销:	人民交通出版社发行部
经　　　销:	各地新华书店
印　　　刷:	北京鑫正大印刷有限公司
开　　　本:	787×1092　1/16
印　　　张:	11.75
字　　　数:	237 千
版　　　次:	2012 年 8 月　第 1 版
印　　　次:	2014 年 10 月　第 3 次印刷
书　　　号:	ISBN 978-7-114-09991-5
印　　　数:	6001 – 7000 册
定　　　价:	25.00 元

(有印刷、装订质量问题的图书由本社负责调换)

《实用语文(基础篇)》编写组

总主编：王家青

主　编：于立辉　李瑞双

参　编：（排名不分先后）

邹　国　周明贤　王　卓　孟　英　陈　超

前言 QIAN YAN

语文是中等职业学校学生必修的一门公共基础课。《实用语文》教材,严格按照教育部2009年颁布的《中等职业学校语文教学大纲》的教学目标及教学内容进行编写,包括基础篇和职业篇两部分,每部分都包括必修内容和选修内容。

本教材以培养中等职业学校学生的基本技能和思维发展、提高学生应用语文的能力、服务学生专业学习、促进学生终身发展为定位,按照"低难度、重实用"的编写思路,在课程结构、教学内容方面进行探索和创新,主要特色如下:

(1)本教材依据中等职业教育课程改革新大纲要求和中等职业学校人才培养目标,在校企合作共同实施人才培养的模式下,进行语文课程教学改革实践与研究。本教材以培养职业岗位技能型、应用型人才为目标,以胜任工作岗位技能为主导,为实现基础教学与专业教学融合构建基础框架。

(2)本教材改变了传统语文教材的知识体系,从中等职业学校培养高素质劳动者和技能型人才的实际需要出发,从学生实际学习需要和未来职业发展需要出发,为专业知识的学习和职业技能的培养奠定基础。

(3)本教材密切结合中等职业学校开设的专业,紧紧贴近中等职业学校学生的学习心理和能力水平。必修内容包括汉字书写、实用口语交际、应用文写作、语文实践活动;选修内容包括阅读与欣赏、经典诵读。必修内容供学生课堂学习,为未来职业需要打好基础;选修内容根据课程教学时间安排,作为学生课外阅读训练,目的在于扎扎实实地培养学生学习语文的基本能力,激发学生的学习兴趣、培养学生的自信心,把能力培养落到实处。

(4)随着时代的发展变化和信息化程度的提高,人们对汉字的书写越来越淡漠。不规范的汉字书写不仅对中华民族文化传承带来负面影响,也会制约学生个人发展。本套教材通过"汉字书写"训练,不仅仅是让学生把字写得规范、清晰、美观,更深层次的意义在于陶冶情操、提高文化修养。在《实用语文（职业篇）》中，附有中等职业学校各专业的常用词汇，可供教师教学和各专业学生选用。

在未来的职业需要中，特别是在职业活动中，驾驭语言的能力尤为重要。教材通过实例导入的形式，对"实用口语交际"、"应用文写作"进行学习指导，不仅方便学生理解和掌握，也利于学生自学。根据学生个体差异，教材中的学习内容由易到难，符合中等职业学校学生的认知特点。通过"语文实践活动"的开展，培养训练学生的搜集信息能力、分析解决问题能力、拓展职业迁移能力，使学生在日常生活及日后职场上具备表达流畅、言语得体的语言修养。

新大纲要求学生"具有初步的文学作品欣赏能力"。本教材不追求语文教学传统意义上的系统性，而是从学生的实际水平出发，在"阅读与欣赏"、"经典诵读"选材上以经典名篇为主，让学生阅读精品，引导学生与作者"交流与对话"，使学生感悟文学作品的内涵，培养学生的鉴赏、分析能力，凸显语文学科因素，以使学生丰富认知、发展思想、形成能力为立意。

本套教材由王家青担任总主编，本书主编为于立辉、李瑞双，参加编写的还有邹国、周明贤、王卓、孟英、陈超。参加本教材编写工作的教师，在中等职业学校语文课程教学及改革实践中，有着丰富的教学经验和理论认知，书中的教学实例及课后训练内容，是教师们在教学实践中的概括和总结。

本书在编写过程中参考了大量相关教材和资料，在此，向诸位相关专家、作者致谢！

因编者水平有限，书中难免存在谬误欠妥之处，诚望专家、读者批评指正！

编　者

2012年7月

目录 MU LU

第一单元　钢笔楷书书写 ·············· 1

　1　基础知识 ·············· 1
　2　楷书基本笔画书写 ·············· 5
　3　楷书常用部首书写 ·············· 13

第二单元　实用口语交际 ·············· 42

　1　朗读的规律和技巧 ·············· 42
　2　听话与说话（一） ·············· 46
　3　听话与说话（二） ·············· 50
　4　自我介绍 ·············· 53
　5　介绍工艺流程 ·············· 59
　6　演讲 ·············· 62
　7　即席发言 ·············· 66
　8　礼仪和礼貌用语 ·············· 71

第三单元　应用文写作 ·············· 76

　1　应用文写作 ·············· 76
　2　便条 ·············· 78
　3　单据 ·············· 81
　4　通知 ·············· 84

  5 计划 …………………………………………………………… 87
  6 实习总结 ………………………………………………………… 90
  7 启事 …………………………………………………………… 94
  8 申请书 ………………………………………………………… 97
  9 证明信 ………………………………………………………… 99
  10 表扬信 ………………………………………………………… 101
  11 感谢信 ………………………………………………………… 104
  12 演讲稿 ………………………………………………………… 106

第四单元　语文实践活动

  1 专业助我点燃信念的灯 …………………………………… 109
  2 展望我们未来的职场 ……………………………………… 110
  3 诵读经典古诗　弘扬传统文化 …………………………… 111
  4 培养一丝不苟的敬业精神 ………………………………… 112
  5 主题演讲 ……………………………………………………… 113

第五单元＊　阅读与欣赏

  1 我的母亲／老舍 …………………………………………… 114
  2 好雪片片／林清玄 ………………………………………… 118
  3 离太阳最近的树／毕淑敏 ………………………………… 120
  4 哦，香雪／铁凝 …………………………………………… 122
  5 项链／［法］莫泊桑 ……………………………………… 130
  6 拿来主义／鲁迅 …………………………………………… 137
  7 致橡树／舒婷 ……………………………………………… 139
  8 我愿意是急流／［匈牙利］裴多菲 ……………………… 141
  9 再别康桥／徐志摩 ………………………………………… 143
  10 合欢树／史铁生 …………………………………………… 145
  11 善良／王蒙 ………………………………………………… 147
  12 荷塘月色／朱自清 ………………………………………… 149
  13 画里阴晴／吴冠中 ………………………………………… 151
  14 雷雨（节选）／曹禺 ……………………………………… 153
  15 《诗经》二首 ……………………………………………… 162
  16 劝学／荀子 ………………………………………………… 164

目录

17　师说／韩愈 …………………………………………… 166

第六单元*　经典诵读 ………………………………… 169

1　《论语》十则 …………………………………………… 169
2　将进酒／李白 …………………………………………… 172
3　宋词二首 ………………………………………………… 173
　　　念奴娇·赤壁怀古／苏轼 ………………………… 174
　　　雨霖铃／柳永 ……………………………………… 174
4　琵琶行／白居易 ………………………………………… 176

参考文献 ………………………………………………… 178

注：带*号的单元为选修内容，其他单元为必修内容。

第一单元 钢笔楷书书写

1 基础知识

一 钢笔书法

书法，就是汉字书写的技法。"书"有写字的意思，"法"有方法、技法、法则之意。书法是我们中华民族特有的高级艺术形式。

钢笔书法，就是用钢笔来表现汉字的线条书写和造型艺术。其"线条书写"即用钢笔表现汉字的各种笔画的方法，其"造型"即汉字的结构和章法。因此，钢笔书法跟毛笔书法一样，由三个最基本、最关键的因素组成，即线条（笔画）、结构和章法，它们称为书法的三要素。所谓线条（笔画），是指汉字的每一笔画留在纸上的痕迹；所谓结构，是指正确、巧妙地组织笔画，使每个汉字的所有笔画按规律合理布局，达到美观的要求；所谓章法，是指谋篇布局的方法，也就是使一幅书法作品达到整体美的技能和方法（它着重于字与字、行与行之间的协调、呼应、连贯、疏密与辉映，利用黑白的分布、字形的大小、字距的远近、字态的正斜等手段，使千姿百态的单字在合理而巧妙的布局下，形成一篇既和谐美观又相映成趣的艺术作品）。

写得一手正确、清楚、流畅、美观的好字，不但对我们的学习和工作大有裨益，同时也是书写者高深文化素养的体现，更能给人一种赏心悦目的审美享受。

二 书写工具

"工欲善其事，必先利其器。"书写工具的优劣直接影响书写钢笔字时的效果，因此必须重视书写工具的选择与使用。书写钢笔字的必备工具有钢笔、墨水和纸张。

1 钢笔

钢笔的种类和型号很多，其区别主要在于笔尖的用料上。根据钢笔笔尖制作材料的不同，可将其分为金笔、铱金笔和普通钢笔三种。挑选钢笔时，要看笔尖两片的粗细是否均匀对称，顶端是否圆滑，书写是否流畅。试笔时，可书写"永"和"8"字多次，如笔尖不刮纸，出水均匀，书写圆滑流畅，那么笔尖就合乎使用要求。至于笔杆笔套，都是次要的。钢笔的笔尖有粗细之分，练字适合用笔尖稍粗一些的钢笔。

2 墨水

练字宜用蓝黑墨水或碳素墨水，尤以碳素墨水为佳，因其具有适宜的浓度和光泽，写在纸上黑白分明，十分醒目。一支钢笔要使用同一颜色、同一牌号的墨水，不能混用。否则，会引起化学变化，产生沉淀，影响书写的流畅性。若要换一种墨水使用，应先将笔尖、笔胆洗净并晾干，再吸入新的墨水。墨水用后应及时旋紧瓶盖，以防尘、防泼、防挥发。

3 纸张

练习钢笔字的用纸一般以不洇不滑、略有涩感、吸墨性较强的60克至80克的书写纸、有光纸、复印纸为好。练习楷书时，最好在印有方格的纸上书写，以便安排字的大小、结构，增强练字的效果。

三 写字姿势

写字姿势非常重要。正确的写字姿势，不仅能保证书写自如，充分发挥书写技能，提高书写水平，而且还能促进青少年身体的正常发育，预防近视、脊椎弯曲等疾病的发生，有益健康。

正确的写字姿势是：身直、头正、臂开、足开。身坐端正，两肩摆平，腰背自然伸直，并略向前倾，胸口离桌沿一拳左右；头正，微向前倾，眼睛与纸面的距离应保持一尺左右；两臂自然向左右张开，小臂平放在桌面上，左手按纸，右手执笔，使笔杆略斜偏向右侧，笔尖要落在鼻梁正前方；两脚自然平放在地上，与肩同宽，如图1所示。

图1　正确的写字姿势

具体的执笔方法为：

用右手拇指、食指的指肚和中指的侧面分别从三个不同方向捏住笔杆的下端，使之形成合力。无名指和小指自然弯曲，手腕轻贴桌面，以形成稳定的"支撑点"，如图2所示。

写字姿势要做到三个"一"：眼睛距书写纸面一尺；笔尖距捏笔手指一寸；胸部距书桌边缘一拳。

图2　执笔方法

四 学习方法

写字，是一个学习的过程。在这个过程中，要练好字，必须具备两个条件，即毅力和方法，两者缺一不可。也就是说，必须要保证有一定的时间坚持练习，还要有切实可行的练习方法。练字最主要的途径就是"摹写"和"临写"。初学者可先摹后临，有一定基础者可以直接临写。要临摹，首先要选择临摹的范本，即字帖，再就是掌握临摹的方法。

1 选择字帖

字帖是书法学习者的无声之师。初学者应当特别注意字帖的选择，因为这将对初学者的练习及以后的发展产生很大影响。练习钢笔字最好还是选钢笔字帖，特别是对于初学者，若使用毛笔字帖进行钢笔字的学习，则会事倍功半。

选择钢笔字帖主要有两条原则：一是要选自己喜欢的范本。自己喜欢，才会有热情去练习它。二是要选行家公认的优秀范本。目前社会上确有一些质量低劣的字帖流传，如果初学者随便乱选，则会误入歧途，不仅浪费时间和精力，还可能沾染上一些不良的习气。因此选择字帖一定要慎重，可向行家请教。

2 选择书体

对于初学者来说，是先练楷书（又称正书、真书，因其形体方正、笔画平直可作楷模而得名。书写笔法完备，有提按、快慢、轻重变化），还是先练行书，或是先练隶书、草书、篆书呢？遵循习字规律，小学生应该先练楷书；中学低年级学生可练行楷；中学高年级、大学生或有一定楷书基础的青少年可练行书；字体杂乱者，应全部丢掉自己的字体，先练楷书，后练行书。有了楷书基础，再练其他字体也就容易了，切莫先练隶书、草书和篆书。

3 练习方法

字帖和书体的问题解决以后，接下来的问题就是摹写和临写。

摹，就是描，既可以在印好的灰模字上描，也可用透明度好的薄纸蒙在字帖上描。摹写的过程主要是让初学者通过比较准确的描画，熟悉字的结构形态和笔画变化，从而进一步向临写过渡。摹写是速成的好办法。

临，可以说是每个学习写字的人都必须经过的历程。有些功成名就的老书法家，虽然造诣卓深，但每日仍临帖不辍，没有不临帖天生就能写好字的人。临习是练字和从事书法创作的不二法门，谁也不可能另辟蹊径。

五 笔顺规则

笔顺，就是书写汉字时，先写哪一笔后写哪一笔的顺序。根据汉字笔画的组合形式和书写习惯，其笔顺都遵循着一定的规律。照着笔顺规则写字，不仅写得顺手，容易把

字写准确、端正、美观,也利于笔画之间的相互呼应,提高书写速度;同时还可为今后学习行书打下良好的基础。否则,写起来既别扭又不顺手,而且容易漏掉笔画,字形也写不美观。

1.先横后竖:	干	一	二	干		
2.先撇后捺:	父	ノ	八	少	父	
3.先横后撇:	有	一	ナ	大	右	有	有
4.从上到下:	京	、	亠	古	亯	亨	京
5.从左到右:	州	、	丷	丬	州	州	州
6.从外到内:	向	ノ	亻	冂	冋	向	向
7.先内后外:	凶	ノ	メ	凶	凶		
8.先里头后封口:	面	一	丆	厂	而	面	面
9.先中间后左右:	办	丿	力	办	办		
10.先左右后中间:	坐	人	从	丛	坐		

六 基本笔画

学习基本笔画必须掌握两点:一是笔画的形态特点;二是运笔的方法。楷书的每一种笔画,都有一定的可视形象,而其可视形象都有一定的书写规律和书写方法。我们必须反复练习,掌握其书写要领,以写出合乎规范的楷书字来。

楷书的每一个笔画都有起笔、行笔、收笔三个步骤。在书写过程中,起笔或重或轻,行笔轻一些,其线条或直或弧或弯,收笔或顿笔或轻提出尖,绝不能一律平划,我们要准确地掌握其表现手法。

笔画	名　称	例字	笔画	名　称	例字	笔画	名　称	例字
丶	点	六	㇄	竖弯	四	㇗	竖折	山
一	横	十	㇉	竖弯钩	儿	㇅	竖折折钩	马
丨	竖	中	㇊	竖提	民	㇍	横折提	话
丿	撇	八	㇇	横钩	皮	㇌	横折折撇	建
㇏	捺	入	㇅	横折	口	㇋	横撇弯钩	那
㇀	提	虫	㇆	横折钩	月	㇡	横折折折钩	奶
亅	竖钩	小	㇈	横撇	水	㇎	横折弯	朵
㇁	弯钩	子	㇀	撇折	去	㇙	竖折撇	专
㇂	斜钩	我	く	撇点	女			
㇃	卧钩	心	㇌	横折弯钩	九			

✐ 2 楷书基本笔画书写

长横	略向右下顿起笔，向右较轻行笔，略向右下顿后向左上回带收笔。					
一	上	下	十	万	百	

短横	写法同长横，只是运笔短些，大约是长横的一半。					
	一	二	三	工	王	玉
斜横	写法同长横，只是左低右高的斜度稍大些。					
	一	七	戈	斗	料	皂
垂露竖	起笔藏锋顿，行笔垂直向下较轻，至末顿后向上回带收笔。					
	丨	个	木	术	呆	甲
悬针竖	写法同垂露竖，只是收笔时渐提笔出锋，收笔出尖。					
	丨	巾	中	丰	羊	申
短竖	写法同垂露竖，只是向下运笔较短，要写得短粗有力。					
	丨	土	士	曰	口	旧
平撇	起笔顿后，侧笔向左平行笔，渐提笔出锋，收笔出尖。					
	丿	季	千	禾	重	委

斜撇	起笔顿后，侧笔向左下行笔，渐提笔出锋，收笔出尖。					
	ノ	人	入	大	今	会

竖撇	起笔顿后，由重到轻向下行笔，至撇下部侧向左下撇出，收笔出尖。					
	丿	月	用	周	舟	风

短撇	写法同斜撇，只是笔画较短。					
	ノ	生	失	尔	朱	向

斜捺	起笔较轻，略右行后便转向右下渐加力，行笔至捺脚处重按后向右平方向渐提笔出锋，收笔出尖。					
	㇏	火	夫	木	史	来

平捺	写法同斜捺，只是行笔方向稍平一些。					
	㇏	之	迁	过	延	起

左点	起笔轻，行笔渐用力向左下按，顿后向右上回带收笔。					
	丶	心	小	农	性	怕

右点	起笔轻，行笔渐用力向右下按，顿后向左上回锋收笔。					
丶	六	文	主	元	市	
相向点	轻落笔写右点，回锋后移笔向右上，接着顿笔向左下方用力出锋写短撇。两笔要笔断意连，遥相呼应。					
丷	火	半	羊	盖	首	
长点	起笔轻，行笔渐用力向右下长按，顿后向左上回带收笔。					
丶	不	食	头	买	卖	
撇点	起笔写撇，不出尖顿笔后折向右下写长点，收笔较重。					
𡿨	女	如	好	妈	安	
平提	起笔右下顿，略驻笔后转向右上渐提笔挑出锋，收笔出尖。					
一	虫	地	纹	把	玩	

斜提	写法同平提，只是提出的斜度增大。				
✓	次	江	河	湖	海

竖提	起笔写竖，至末顿笔后向右上斜挑出，收笔出尖。				
㇄	长	农	民	衣	切

横折	起笔写横，顿笔后折向下稍偏向左写垂露竖。				
㇇	只	目	回	田	固

竖折	起笔写垂露竖（有长、短之分），顿笔后折向右写横，收笔较重。				
ㄴ	山	画	世	凶	函

撇折	起笔写短撇，不出尖顿笔后折向右上写提，收笔出尖。				
㇜	去	云	织	公	允

横折提	起笔写短横，顿笔后折向下写短竖，再顿笔转向右上写斜提。				
㇌	语	说	话	诗	讲

横撇	起笔写横，稍向右上斜，顿笔后转向左写斜撇，收笔出尖。
㇇	又　友　反　永　视

横折折撇	起笔写短横，略斜，略顿笔后折向左下写短撇，不出尖，接撇端折向右写小短横，再顿笔后折向左下撇出，收笔出尖。
㇌	及　汲　廷　延　建

竖折撇	起笔写竖，稍向左斜，顿笔后折向右写短横，横稍向右上斜，再顿笔后向左下撇出，收笔出尖。
ㄣ	专　传　砖　转　挤

横折弯	起笔写短横，顿笔后折向下写短竖，再圆转向右写短横，收笔较重。
㇈	朵　没　沿　铅　船

竖弯	起笔写短竖，再圆转向右平方向写短横，收笔较重。
㇄	四　西　洒　匹　酉

横钩	起笔写横，至末顿笔后转向左下钩出，收笔出尖。
⼀	买　皮　写　军　冗

第一单元 钢笔楷书书写

竖钩	起笔顿后稍轻写竖,到起钩处顿笔后转向左偏上挑出,收笔出尖。

| 亅 | 寸 | 水 | 到 | 别 | 利 |

弯钩	起笔稍轻,由轻到重自右下向左下匀曲运笔,到与起笔处垂直线位置上顿笔,后转向左偏上挑出,收笔出尖。

| 丿 | 子 | 手 | 乎 | 象 | 家 |

斜钩	起笔顿,自左向右下匀力稍曲行笔,至起钩处顿笔转向上挑出,收笔出尖。

| 乀 | 戈 | 式 | 或 | 成 | 我 |

卧钩	起笔稍轻,先向右下渐加力,再圆转向右平行笔,至钩处顿笔后转向上左挑出,收笔出尖。

| ㇄ | 心 | 志 | 忠 | 思 | 想 |

竖弯钩	起笔写竖,再圆转向右平写短横,至末顿笔后转向上挑出,收笔出尖。

| ㇟ | 儿 | 也 | 见 | 孔 | 礼 |

横折钩	起笔写横，顿笔后折向下写竖，至末顿笔后向左偏上挑出，收笔出尖。					
	丁	习	勺	句	旬	司

横折弯钩	起笔写横，略斜，顿笔后折向下写竖，再圆转向右写横，至末顿笔向上挑出，收笔出尖。					
	乙	几	凡	九	仇	旭

竖折折钩	起笔写短竖，顿笔后折向右写短横，再顿笔后折向下偏左写竖弯钩。					
	勺	弓	引	马	乌	岛

横撇弯钩	起笔写短横，顿笔后写短撇，顺接撇尖由轻到重写小弯钩，钩向左上。					
	了	阳	阵	部	那	都

横折折折钩	起笔写短横，略斜，顿笔后折向左下写短撇，不出尖折向右写短横，横右稍低，再顿笔折向左下写弯钩。					
	了	乃	仍	奶	扔	隽

3　楷书常用部首书写

一　左旁

单人旁	《口诀》："单人作旁——竖左倾" 运笔规律：单人作旁，竖的运笔不要直，要左倾。若把单人旁的竖写直，则缺乏活力，显得呆板。 组字规律：单人旁竖的长短取决于：右边的部件向下延伸的，左竖短；右边的部件出现竖弯钩、撇捺、下两点的，左竖与之等长；右边的部件没有向下延伸的，左竖略长。 改变观念："横平竖直"的教学观点不完全正确，凡是横都要斜，只是斜的角度不同；凡是有竖的偏旁不一定都写直，像食字旁、金字旁、虫字旁、言字旁、巾字旁等的左竖在组字时都要左倾为好（楷行同法）。
	亻　优　伸　但　供　低
双人旁	《口诀》："双人作旁——上撇短" 运笔规律：双人旁的第一撇要短、略直，第二撇要长，两个撇的起笔都在一条直线上。竖画可以左倾，但不能垂直。 组字规律：与单人旁的组字规律基本相同。要注意，"德"字组字规律是左右等长（楷行同法）。
	彳　德　往　很　待　律

两点水	《口诀》："两点水旁——要偏上" 运笔规律：右点轻落笔往右下顿，收笔回锋；斜挑重落笔向右上挑出，收笔出锋。两笔距离适当，两笔的收笔在一条直线上。 组字规律：两点水取位大都偏上（"左边小时要偏上"）。右部宽，两点水的角度要小，纵向取势；右部窄，两点水的角度要大，横向取势（三点水同法）。 练好字的关键：掌握汉字的总体组字规律是练好字的关键，是大方向，不掌握这一规律，练字就要走弯路。
	冫　冻　冲　决　冷　准
三点水	《口诀》："三点缩短——右画繁"、"三点放长——右画简" 运笔规律：上点短小，偏右；中点稍长，偏左；第三笔挑点略长，出锋不能超过上点。上两点稍近，下两点较远。 组字规律：三点水之间的距离取决于：右旁的笔画多，或向下延伸，三点水要紧凑，三点水之间的距离要拉近；右旁的笔画少，没有向下延伸，三点水之间的距离稍长。
	氵　法　泛　沙　汤　江
言字旁	《口诀》："整体偏上——竖左倾" 运笔规律：点取斜势、悬起，折角对上点，折要短、左倾，提要短。 组字规律：居左以偏上为好。横折的宽窄因字而异，其右边笔画少时相应宽些，多时相应窄些。

言字旁	写字姿势：①头正，即头要端正，不能左歪右斜；②身直，即上身正直，略向前倾，切不可屈背弯腰；③两臂平放，即左右手臂平放桌上，左手按纸，右手执笔；④两脚放平，两脚合并，不可一前一后。					
	讠	说	诉	训	诗	讨
提手旁	《口诀》："挑不越横——提手旁" 运笔规律：起笔横忌过长，要斜；竖钩居横偏右落笔，出头略长，要写得竖挺，出钩时要向左下停驻蓄势，用力钩出，钩锋忌过长；挑的起笔处不能越过上边的短横，挑约等分竖钩，挑的收笔千万别过横尾。 组字规律：提手旁的长短取决于：右部向下延伸，提手旁的竖钩要短；右部出现撇捺、平捺，提手旁与之等长；右部没有向下延伸，提手旁略长。					
	扌	按	把	提	持	托
竖心旁	《口诀》："竖心作旁——点离竖" 运笔规律：先写左右两点，左竖点垂而略大，右点变短横要小要扬，右短横的起笔与左竖点上端齐平，垂露竖上轻下重，与左竖点离与右短横连。 组字规律：竖心旁的竖顿笔入笔，提笔渐行渐重，稍驻收笔，总体为上轻下重。竖在组字时略左倾为好（楷行同法）。 眼力与手功：在学习书法中，有些字写得不如意，这说明你的眼力提高了，有了鉴赏能力，这就是眼高手低，这是好事，是进步的好现象，历代书法大师在练字时都出现过这一"困境"。切记这时一定要坚持下去，度过这样一个"困难期"，否则前功尽弃。					
	忄	愉	性	慢	恨	怕

木字旁	《口诀》："木字作旁——横偏左" 运笔规律：书写木字旁注意两点：①短横偏左；②撇不越横（第三笔撇的长度不越过上边的短横）。 组字规律：左右结构同单人旁。"木"在下请牢记："横长竖短——撇捺收"；"横短竖长——撇捺扬"。此组字规律为"窄让宽"，左部窄右部宽的组字都属于这一类。
	木　校　杨　根　采　杜
火字旁	《口诀》："火字作旁——要偏上" 运笔规律：先写两点，左点竖一些，小短撇高于左点，第三笔为竖撇，上部要直，第四笔捺改为点。 组字规律：当右部的笔画多或向下延伸，"火"居左全偏上；当右部的笔画少，没有向下延伸，"火"居左要大，如"灶"、"炒"等字。居上时，撇捺收缩；居下时，撇捺跨度大；居右时，"火"大竖撇出头长。
	火　烧　烽　焚　炎　耿
金字旁	《口诀》："金字作旁——竖左倾" 运笔规律：三短横间距基本相等，上短横起笔略高，第三横偏左，竖提左倾。 组字规律：金字旁居左以偏上或占中为好。
	金　钱　钟　钢　铁　锐

土字旁	《口诀》："土字作旁——横、挑斜" 运笔规律：居左，横短、取斜势，竖上部略长，提短与上短横斜势同，整体要小；居右，竖上部长，底横偏右。 组字规律：居左偏上，略小；居右偏下，略大；居上，横长竖短横偏左，取扁势；居下，若上面部件小则底横长，若上面部件宽则底横短。

土	块	社	幸	至	坚

口字旁	《口诀》："左竖下延——底横出"、"定位不同——形不同" 运笔规律：上横起笔于左竖的颈部，下横起笔于左竖的脚部。左竖下宜伸，底横把右竖截住。 组字规律：定位："口"居左要偏上，"口"居右要偏下；变形："口居左边——要写窄"，"口居右边——要写宽"，"口居上下——要写扁"，"口居字内——要写小"。

口	听	知	员	台	司

歹字旁	《口诀》："整体要斜——横偏右" 运笔规律：第一笔横要短、要斜；第二笔短撇在短横偏左的位置下笔；第三笔横折撇的撇势向左下。 组字规律：歹字旁居左全偏上。此类组字为"左斜右正"，这是左右结构汉字的总体组字规律，此类组字占多数。

歹	列	残	殊	殖	歼

工字旁	《口诀》："上下两横——要写短"、"中间短竖——要写弯"
	运笔规律：上横要短，不顿笔；下横略长，要顿笔。关键的一笔是中竖，中竖短不取直，稍有撇意："一竖占中——不取直"、"上下横相背，竖短弯为贵"。
	组字规律：居左偏上，底横变提；居右偏下，底横略平；居上、居下取扁势，底横平。

工	攻	红	汞	空	差

禾字旁	《口诀》："禾字作旁——要三离"
	运笔规律：先写上撇，这一撇要短、要平。"三离"是：①上撇与竖离；②左撇与横离；③右点与横竖交叉处离。
	组字规律：左右结构与单人旁同。"禾"居上时，撇捺的写法取决于：下部部件横向展开，撇短捺改点；下部没展开、部件小，"禾"的撇捺要展开。
	提示：掌握汉字的组字规律，不可急于求成，只要你把握了关键的一笔，便一通百通，继续练下去，功到自然成。

禾	秋	程	和	香	秀

示字旁	《口诀》："右点占缝——示字旁"
	运笔规律：上点对下竖，横折撇上仰，斜撇忌过弯，竖用垂露，右点占其缝——撇和竖画的交接处。
	组字规律：右边的部件短，没有向下延伸，竖长；右部出现撇捺、竖弯钩时与左竖等长；右边部件长向下延伸，示字旁竖短。

礻	福	神	祥	视	礼

王字旁	《口诀》："三横要斜——整体窄"
	运笔规律：居左，王字旁要写得略窄，两短横和斜提间距等，呈斜平行。
	组字规律：居左偏上，上横靠右，竖微左倾；居右偏下、略大，底横长；居上、居下形体较扁，三横要缩小间距。

| 王 | 瑞 | 柱 | 弄 | 望 | 皇 |

方字旁	《口诀》："方字作旁——点悬起"
	运笔规律：斜弯钩的挑钩处与上点对齐。"方"居左，横要偏左；"方"居右，横要偏右；"方"居下，横画长短不同（因字而异）。
	组字规律：方字居左，左小右大；方字居右，左部小时，方字大；方字在下分两种情况：①字头小，方字横长，如"芳"字；②上面的字头宽，方字横短，如"旁"。
	注意主笔：此旁组字中关键的一笔（主笔）是斜弯钩，你能否看准主笔？切记：落笔前找准字的主笔，运笔时将其书写到位。

| 方 | 放 | 旅 | 坊 | 旁 | 芳 |

食字旁	《口诀》："食字作旁——竖左倾"
	运笔规律：撇陡略长，横钩起笔稍低些，横要短出钩短促有力。竖提的竖要左倾，竖提不能长，不能越过上面的横钩。
	组字规律：食字旁居左以偏上为好。

| 饣 | 饭 | 饱 | 饲 | 饮 | 馆 |

女字旁	《口诀》："女字作旁——空隙小"、"两撇间距——要缩小" 　　运笔规律：第一笔的撇要垂一些，第二笔的撇要长一些，两撇距离要缩小。指的是女字旁的第一撇和第二撇之间的距离拉近，两撇平行，第二撇略长，反捺要短。写挑画时注意女部中间的"空间"要小，斜挑不出界。"女"居字底反捺要长。 　　组字规律：女部居左以窄、斜取势，以偏上为佳。居下第一撇要短、撇"出头"要短，横要长，偏左，形稍压缩。此组字规律为"简让繁"（左部笔画少占的位置小，右部笔画多占的位置大的组字都属于这一类。像"娘、娟、婚"字）。
	女　妈　妙　要　安　姿
艮字旁	《口诀》："艮字居左——竖提短"、"艮字居右——竖提长" 　　运笔规律：注意艮字居左时，竖提要短，撇捺省略改为一点；居右时竖提要长，撇短捺长。 　　组字规律：艮部居左要小，要偏上；居右不但竖提要长，撇和捺要充分地展示；居上捺略平（用反捺）。
	艮　恨　艰　即　既　垦
牛字旁	《口诀》："牛字作旁——短横斜"、"撇斜横短——不出钩" 　　运笔规律：先写短撇，再写短横，要斜，接着写竖，不出钩也可，再顺势写挑，挑不越短横尾。

牛字旁	组字规律：牛字旁的长短取决于：右部向下延伸，牛字旁短；右部出现撇捺，与牛字旁等长；右部没有向下延伸，牛字旁长。"牛"在下，底横长，竖不宜长（牟）；"牛"在右，要大，用悬针竖（件）。
	牛　物　特　犁　告　件

车字旁	《口诀》："车字作旁——三横斜" 运笔规律：先写横，再写撇折，接着写一竖，底横变提，提偏左。"车"的上两横和下边的平提全部呈斜平行。 组字规律：车字旁竖的长短取决于：右部向下延伸，竖短；右部出现撇捺，与左竖等长；右部没有向下延伸，竖略长。"车"在右，大（阵）；"车"在上，小（轰）；"车"在下，底横长（辈）。
	车　轻　轨　轮　阵　辈

舌字旁	《口诀》："一竖占中——不取直" 运笔规律：短撇在上要平，与下竖保持距离；横要长要偏左，以斜取势；竖要短，要有弧度，万不能写直；"口"呈扁形，右上斜要小。 组字规律：居左小，横偏左，以斜取势；居右大，横偏右，以平取势。 正与斜："正"，是指字的结构平衡匀称，不能失去重心和平衡，要使字形稳而正；"斜"，含有参差不平、欹侧起伏、变化多端的意思。不论是偏旁、字头、字底，只要有一个伸向一侧的笔画，书写时要使体斜而势正，重心不倒。
	舌　乱　敌　辞　活　括

斤字旁	《口诀》："斤字作旁——两撇离" 运笔规律：短撇略平和竖撇保持距离，横短，竖下垂（居左）。居右横略长，竖用悬针。请注意斤字旁第二笔的笔法。 组字规律："斤"居左竖短；"斤"居右竖长；"斤"被托抱要小。 "揖让"：笔画少、占空间小的偏旁，要给笔画相对多的部分让出位置。这种偏旁大多数是狭长形的。如：两点水旁、三点水旁、单人旁、双人旁、竖心旁、提手旁、禾字旁、示字旁、木字旁、立刀旁、月字旁、反犬旁等。

斤	新	斯	所	断	近

月字旁	《口诀》："月字作旁——腰部细"、"少女之腹——瘦者美" 运笔规律：竖撇略长，横折竖钩的"竖"要微向左突有弧意。竖与竖撇对称，形相背，腰部细。里边两短横偏上、偏左。注意：月的竖撇不要拉得太开。 组字规律：月居左以窄为好；居右宽大舒展；居下竖撇改为竖。其他与单人旁的组字规律略同。 "多思胜于多练"：我们提倡多练，但更提倡多思，以往按字帖练字是生练硬描，不走脑。"多思"就是把汉字的组字规律吃透，想好了再写，正所谓"意在笔前，字居心后"。

月	肿	服	朝	背	肯

足字旁	《口诀》："足字作旁——'口'要小"、"整体要斜——'止'要小" 运笔规律：先写"口"字、"口"要小；再写中竖和右短横；然后是左短竖；两竖左短右长；末横作长挑启右；下"止"要写得左低右高有斜势，不能写大。

足字旁	组字规律：居左全偏上；居右撇短，捺要充分展示；居下撇短、要展，捺取平势、要长。 　　握笔的高与低：握笔的手指离笔尖一寸左右。握笔太低，运笔不灵活；握笔过高，难以控制笔尖，写出的字轻浮。

足	路	践	踢	捉	蹙

日字旁	《口诀》："以窄取势——日字旁" 　　运笔规律：两竖短等宽，中横偏左，底横变提。此旁以窄取势。 　　组字规律：居左要小、要窄、要偏上；居右略大、略宽、要偏下；居上要扁；居下要窄。 　　"开合"：在左右结构组字中，"开"指相离；"合"指靠拢。开处，有舒展豪放之意；合处，则有充实之感。在左右组字中有上开下合，也有上合下开，要运用灵活、适当。

日	晓	明	阳	智	昙

贝字旁	《口诀》："撇离点粘——形体窄" 　　运笔规律：横折长于左竖，竖撇避免与左竖相连，右点与横折相交，形体窄。 　　组字规律：居左以偏上或占中为佳。居右略宽（"狈"）。居下时分两种情况：①上面的部件小，"贝"要拉长些；②上面的部件大或宽，"贝"要矮小些。 　　笔法、笔势和笔意：笔法，就是不同字体用不同的运笔方法，也是写好一点一画的用笔方法；笔势，是指点画形体的动态和气势，"古人论书，笔势为先。"（康有为语）；笔意，表示书写者对书法本质和书写内容的深刻理解，在书写时注入笔者的情感及个性。

贝	财	则	贴	贞	贺

又字旁	《口诀》："左上右下——又字旁" 运笔规律：居左时，横撇取势略向右上，横短撇长，捺笔改长点；居右时横短撇短捺长；居下时撇和捺要充分地展示。 组字规律："又"居左要偏上；居右要偏下；居下撇捺展。

又	对	观	叙	受	支

绞丝旁	《口诀》："绞丝作旁——一条线" 运笔规律：两笔撇折要注意重心一致，撇长、折短；平提与第二笔的折平行，起笔靠左些。要注意：绞丝旁第一笔的起笔与第二笔的起笔和"平提"的收笔都在一条垂直线上。 组字规律：右部的笔画多或者向下延伸，左部的绞丝旁偏上；右部的笔画少、占的位置小，右部要偏下。

纟	练	纸	约	绵	绝

反犬旁	《口诀》："反犬作旁——弯度大" 运笔规律：先写上斜撇，要短、角度陡。弧钩的上部弯势要大（弯度以90度为佳）。下撇不宜长。上下两撇不要撇得太开。 组字规律：反犬旁的长短取决于：右部向下延伸，反犬旁要短；右部出现撇捺与反犬旁等长；右部没有向下延伸，反犬旁略长。 注意：反犬旁不能快写，应把每一笔写到家，关键的一笔更不能写错。

犭	犹	狠	犯	猫	独

左双耳刀	《口诀》："左耳居左——竖要短"
	运笔规律：耳部居左，竖不但短，还要用垂露，竖下垂，略左倾，上面不封口。
	组字规律：除了右部在组字中没有向下延伸，且笔画少，左耳部的竖略长外，其余组字左耳部的竖都要短。
	阝　陈　阶　限　陆　除

二 右旁

立刀旁	《口诀》："立刀作旁——全盖住"
	运笔规律：先写短竖，再顺势提笔写竖钩，出钩角度为45度，竖钩须呈"待发之弩状"，充分体现"直中见曲"。
	组字规律：竖钩要长，把左边任何一个部件都盖住。
	左紧右松：对于这一类型的字，则需要用"左紧右松"的方法来处理其疏密关系。左边的部件要紧凑，右边的竖钩要长，左边要收得住，右边要放得开，这样收放得势，结构稳定。
	刂　别　到　刘　利　剑

单耳刀	《口诀》："竖用悬针——'头'要小"
	运笔规律：横折钩起笔稍斜，折笔短、"头"小，往里斜，耳廓不得太大，竖为悬针。折和钩忌软滑无力。
	组字规律："单耳起笔——占中腰"意即单耳起笔要在左边部件的中部。下边的悬针竖要长，这样保持字的重心稳定。
	伸缩：是指每个字上下高低的变化。变化的规律是：有一长就有一短，有一伸就有一缩。
	卩　却　印　脚　即　卯

右双耳刀	《口诀》："右耳居右——竖要长" 运笔规律：耳部居右，竖不但长，还要用悬针，上面要顶头，"耳垂"略大。 组字规律：耳部居右，在所有的组字中竖都要长。

阝	部	邮	郭	郎	那

力字旁	《口诀》："力居右边——撇要长"、"力居左边——撇要短" 运笔规律：居右，横肩短，折略长，撇比折长，钩的起笔与撇头对齐；居左，撇不能长。 组字规律：居右，左边的部件小，"力"的撇要长；当"力"被托抱或左部部件大，"力"小。居下分两种情况：①上面的部件宽，"力"在下要小、横要短；②上面的部件窄，"力"在下取宽势，横长、折短、撇短。

力	功	劲	勉	加	努

寸字旁	《口诀》："寸字之点——点偏上" 运笔规律：横要短要斜，竖钩偏右，横画左长右短些，点画偏上，也可点在横画上。 组字规律：居右"寸"部出头要长，把左部盖住。居下分两种情况：上部小、"寸"横要长；上部宽、"寸"横要短。

寸	耐	村	射	导	寺

反文旁	《口诀》："上撇要陡——横起尾" 运笔规律：上撇挺而直；短横起撇尾，要斜；下撇在短横的中间略靠左下笔，笔势竖而弯；捺要长，捺脚低而壮。 组字规律：左部长，反文起笔低；左部短、小，反文起笔高。					
	攵	敬	收	政	教	致
三撇儿	《口诀》："三撇居右——要放开"、"三撇居左——要收住" 运笔规律：第一撇要短，第二撇起笔对上撇的胸部，第三撇要长，三撇起笔的位置在一条斜线上。三撇居左不能长，要收住。 组字规律：左部长，三撇起笔略低于左部；左部短，三撇起笔略高于左部（楷行同法）。 笔画变化规律：在一个字中出现两个以上相同笔画时，要在长短、粗细、斜正、曲直等方面进行变化，无变化则会千字一律，失去了书法艺术的生机与活力。					
	彡	形	影	彬	彤	须
见字旁	《口诀》："左短右长——撇占中"、"上部要窄——钩要矮" 运笔规律：上部要窄，撇要占中、要硬。竖弯钩写得要舒展大方，竖弯钩的竖要短要矮，出钩要小要垂。注意："撇硬钩舒展"，"见"字作旁才好看。 组字规律：左部长，"见"部起笔就要比左部低；左部短，"见"部起笔就要比左部高。"见"居下时形略短，竖弯钩的"横腕"要长。					
	见	规	现	视	览	觉

欠字旁	《口诀》："上撇要陡——横钩短" 运笔规律：上撇陡，从撇的尾部起笔写横钩、宜窄，再从横的左端起笔写撇画（撇稍立），最后写捺，捺要舒展。 组字规律：左大右小，左小右大。左部长，"欠"起笔要低于左部；左部短，"欠"起笔要高于左部。
	欠　欲　款　歌　欣　欢
鸟字旁	《口诀》："上收下放——鸟字旁" 运笔规律："上要小要收"指的是"鸟的头"要收紧，上撇短、较垂，横折钩写得要小、取斜势，点不写满；"下要放"指的是竖折折钩要宽，钩身内收，下面的横偏左偏上，不靠右折。 组字规律："鸟"居左要小，"鸟"居右要大。"鸟"居右起笔都要高于左部。"鸟"居下要小，上撇占缝。 "笔画繁多——疏密均"：笔画多的字笔画宜瘦劲，排列紧密又清晰匀称，要迎让有序，布局合理。
	鸟　鸣　鹅　鸽　鸵　鸳
页字旁	《口诀》："页字作旁——横偏右" 运笔规律：单独写"页"上横偏左。"页"居右，上横偏右，小撇起笔于横画中间偏左些，下面"贝"字往窄写，下撇画"四不靠"，右点与竖粘。 组字规律：在组字上，右边的"页"要低于左部。 穿插与横纵："穿插"表现为部件之间的相互腾挪与让位；"横纵"表现为点画部件或整体字形的长宽比。
	页　领　顺　预　颗　顽

戈字旁	《口诀》："斜钩要长——最忌短" 运笔规律：短横要斜，斜钩要大胆拉长，斜钩与撇均略带弯势。斜钩最忌力弱身弯，短撇要内藏，勿过直，上点稍高些。居左时，整体小，横画左短右长些。 组字规律："戈"居字左，斜钩短；"戈"居字右，斜钩要长。"戈钩"的起笔应占全字正中。

| 戈 | 城 | 威 | 成 | 或 | 划 |

殳字旁	《口诀》："殳字作旁——'头'要小" 运笔规律："头"小就是"殳"字头部的竖撇要小、横折弯钩的横要短、弯势要小。下面的撇捺要伸展，撇短捺要长，撇尾高、捺脚低。 组字规律：左边的部件长，"殳"起笔低于左边；左边的部件短，"殳"起笔要略高于左边。

| 殳 | 设 | 没 | 段 | 毁 | 毅 |

隹字旁	《口诀》："隹字作旁——竖要长" 运笔规律：整体形窄。左竖长而下垂，四横宜短，中间两横最短，间距匀，上横起笔靠"人"缝（单人旁两笔交接处），各横紧跟。 组字规律："隹"居右竖要长；居上、居下以宽略扁取势。

| 隹 | 雄 | 准 | 雅 | 售 | 瞿 |

浮鹅钩旁	《口诀》："浮鹅钩旁——竖左倾" 运笔规律：要体现高浮鹅的造型："头小"、"脖子细"、"身子短"、"尾巴向上"。这里关键的一笔是"脖子"，指的是浮鹅钩的竖笔略顿后向下运笔稍细，还要左倾，弯度自然，出钩小。 组字规律：此组字为"长短组合——短让长"，左短右长、左长右短。
乚	儿	化	乳	轧	乱

三 字头

八字头	《口诀》："撇短捺长——八字头" 运笔规律：撇短捺长，撇低捺高；撇短要短得合理，捺长要长得充分。撇起笔要重，捺起笔要轻。它们之间定位要准确和谐，造型要美，有活泼感。 组字规律：要掌握两点：①居上、居右，撇短捺长、撇低捺高；②居下，撇改成撇点；捺改为右点。撇点与右点要相互照应。
八	公	分	贫	其	兴

人字头	《口诀》："人字作头——要顶头"、"撇捺相交——占中轴" 运笔规律：捺画写于撇画顶部稍下一点儿，撇捺跨度的大小要视下面部件的宽窄而定。撇和捺相交须在字的纵轴上。

人字头	组字规律：下面的笔画多，横向展开，撇和捺的跨度要大；下面的笔画少没展开，撇和捺的跨度要小。 结构美在造型：结构美的关键是掌握汉字的组字规律。只有牢固地掌握了汉字的组字规律，写出的字间架才稳实，结构匀称，造型新奇，千姿百态。
	入　合　今　会　命　个
折文头	《口诀》："折文作头——撇要长" 运笔规律：短撇要斜要短，第二笔横折撇的撇要长要斜，捺要短、要扬、要舒展。这里关键的一笔是横折撇的横一定要短。 组字规律：上部的横折撇和捺把下面的部件全罩住，下部要靠上些。居左捺要长，捺略平。
	夂　各　条　务　冬　处
雨字头	《口诀》："雨字作头——上横短"、"两横靠近——才好看" 运笔规律：字头要写扁，上横要写短，两横要靠近，字头才好看。左点略垂，横钩宽度适当，中竖短，左两点略低，右两点略高，四点各异、对称，力避"排牙"呆板。 组字规律：下收者上宜展，下展者上宜收（楷行同法）。
	雨　需　雷　雪　零　震

草字头	《口诀》："草字作头——分三份" 运笔规律：横画忌粗，左边的下尖斜竖，应小于和低于右边的撇，横画上部露出的部分适当长，下部相应短，一斜竖一短撇将横基本上分成三等份。 组字规律：下部展开，草字头的横要短；下部没展开，草字头的横要长。一定要弄懂草字头和下面组字的辩证关系。

艹	草	英	花	苑	节

竹字头	《口诀》："左低右高——竹字头" 运笔规律：整个字头呈扁宽形，两撇要短要斜，两短横偏上，下两点点的位置偏右略垂，点要小，避免妨碍下边笔画。 组字规律：下部的部件大，展开，竹字头小；下部的部件小，没展开，竹字头略宽。

竹	笔	签	箱	符	筑

宝盖头	《口诀》："宝盖头——点占中" 运笔规律：上点悬空、占中，以下按"秃宝盖"运笔规律书写。注意"官"字的两个方框上小下大。 组字规律：宝盖的宽窄取决于：下宽者则上窄，下窄者则上宽（秃宝盖、穴宝盖、雨字头同法）。

宀	宣	安	完	官	家

秃宝盖	《口诀》："秃宝盖头——横钩凸" 运笔规律：左点起笔轻落向左下顿，点稍立，横钩起笔对左点上部，横钩略凸，切勿写平，出钩要短，出钩角度45度左右。 组字规律：秃宝盖的宽度要根据下面部件的大小来决定：下面的部件展开，秃宝盖要窄；下面的部件收敛，秃宝盖要宽。

冖	写	军	冠	冤	农

穴宝盖	《口诀》："两点悬空——穴宝盖" 运笔规律：与宝盖头写法相同，穴宝盖下边的竖折要写作右点，左边的撇点与右点上下不靠，左右两点要对称呼应。 组字规律：下面部件宽，属于左右伸展型的，穴宝盖窄；下面的笔画属于收缩型的，穴宝盖头稍宽些。

穴	空	穷	突	窍	窗

厂字头	《口诀》："厂字作头——上横短"、"横短撇展——撇离横" 运笔规律：上横要短，出撇要控制住，不宜长。撇头多数不与横画相接。 组字规律：被包的部件往右闪，"左上包右下，被包部分适当大"。为了字形的饱满，被包围的部分略偏右下，并向右闪出半个字或三分之一。

厂	压	历	原	厅	厚

广字头	《口诀》："点悬横短——撇靠里" 运笔规律：点取斜势、悬起，横要短，撇在横头下偏内起笔，撇要沉稳，撇不能长。 组字规律：被包部分向右闪，要外延，外延多少因字而异。 提示：广字头撇的长短，要根据被包部分是否下延：被包部分向下延伸，出现斜钩、竖、竖钩、捺、竖弯钩等，撇要短；被包部分部件小，没有向下延伸，撇要长（楷行同法）。				
广	庆	底	库	度	店

尸字头	《口诀》："尸字作头——'头'要小" 运笔规律：尸字头的"头"要小，两短横宜于近，上横略长、走势宜斜。左撇出锋要控制住，撇起笔在上横里，与上横留距离。 组字规律：被包部分不论笔画多少，都要往右闪出半个字（楷行同法）。 提示："居"字的横画右边稍长，注意下边"口"的位置。				
尸	居	局	层	屋	展

病字头	《口诀》："点悬横短——撇靠里"、"两点偏上——撇离横" 运笔规律：上点略偏右，与横离，横画忌过长，撇在横头偏内起笔，撇头可离横。左上点离撇，下挑点接撇，两点位置偏上。 组字规律：上横不能长，被包部分往右闪出三分之一。				
疒	病	痛	疼	症	痕

虎字头	《口诀》："横钩宜斜——不能宽"、"左撇微弯——'七'横斜" 运笔规律：竖短，短横占中，横钩起笔宜轻，不宜宽，略斜，出钩短促。左撇微弯，在横头下偏内起笔。里面的"七"要小，短横斜以让下。虎字头写得要紧凑，布白要匀称。 组字规律：虎字头下面的部件往右闪出三分之一。

| 虍 | 虎 | 虚 | 虑 | 虐 | 彪 |

戴字头	《口诀》："被包部分——找重心"、"斜钩要长——戴字头" 运笔规律：先写长横，长横以斜取势，在长横中间偏左处写一个小"十"字。斜钩起笔处比"十"字稍高，斜钩要长，短撇应从斜钩中部下撇，上点为右点。 组字规律："土"字头下面的任何部件都要与"土"字的一竖找准重心，下面部件上靠，与上横走势一致。完成下部后再写斜钩。

| 戈 | 载 | 哉 | 栽 | 截 | 戴 |

四 字底

弄字底	《口诀》："横画偏左——出头短" 运笔规律：横要长，微向上凸，横画左边长，撇画要短、稍陡，竖用悬针不能长（切记），竖撇和悬针竖出头要短。 组字规律：上面的笔画多、重叠，弄字底的长横要充分展示，左撇要短，悬针竖不要写长了；上面的笔画少、简单，弄字底的横适当短，以托住上部即可，撇要长，用竖撇，悬针竖适当拉长。

| 廾 | 弄 | 弃 | 异 | 开 | 并 |

儿字底	《口诀》："撇硬竖短——横腕长" 运笔规律："儿"在下，撇身变竖，撇画斜而直，斜撇宜短，取向左攲侧之势。竖弯钩的竖要左倾还要短，万不能写直，横腕相应长些，以使字平稳，竖弯钩的弯部要自然。 组字规律：上面笔画多、有叠笔，撇要短要斜，对应的竖弯钩的竖要短，横腕要展；上面的笔画少、无重叠笔画，下面"儿"的撇要长要垂，竖弯钩的竖要长，横腕要缩。
	儿　兔　克　先　光　允
四点底	《口诀》："四点作底——间距匀" 运笔规律：第一笔为左点，后三笔为右点，顿笔一个比一个加重略加长，最后一个右点略长，它与第一个左点要对称，点与点之间距离要匀。四点底起笔都在一条直线上。 组字规律：四点底与上面部件组字时要往上靠，不能拉远，要把上面的部件全部托起来，起到"地载"的作用。
	灬　点　杰　烈　然　照
心字底	《口诀》："弯如新月——卧心钩" 运笔规律：左点与卧心钩相随得很和谐，卧心钩轻落笔，然后逐渐用力，由细到粗呈弓状，卧心钩出钩要对准组字的中心，三点在一条斜线上，三点忌"水平"。作字底中间点不宜高，注意第二笔的弯度不要写成"罗锅"。钩身的形态，状如新月。 组字规律："心"以扁取势，凡"心"在字下者均稍靠右，且在多时为以下托上（楷行同法）。
	心　忠　意　思　想　怒

皿字底	《口诀》："皿字作底——底横长" 运笔规律：以扁取势，上宽下窄，左右对称，底横长，要偏左，要"地载"。底横略凸，底横运笔略重。里面部件运笔要轻，往左靠。 组字规律："地载"者，要把上面的部件全部托起来。还要记住：底横偏左。

皿	孟	监	益	盖	盈

绞丝底	《口诀》："第二撇长——绞丝底" 运笔规律：第二笔撇折的撇要比第一笔撇折的撇长，上下撇折要协调，折笔处在一条直线上，竖钩要短而粗壮，要占中，左右点要小，最好还要靠上些。 组字规律：竖钩的定位要占中，"竖钩在下——要占中"。竖钩要短。左点小、偏上，右点略大、偏下，两点之间的距离适当。

糸	素	紧	索	累	繁

十字底	《口诀》："横长竖短——横偏左" 运笔规律：有三种情况：①横长，竖不宜长；②横短，竖长；③横都偏左。 组字规律：不论是横长竖短，还是横短竖长，竖出头都不能长。上部收，下部横长；上部展，下部横短。 撑住：在独体字中，以最后一竖支撑的字，运笔时务求立得稳、撑得住，方能显出该字劲健有力。如：午、下、丁、于、手、予、宁、亨、亭、早、牛等字。

十	千	华	毕	辛	早

大字底	《口诀》："大字作底——横偏左"、"横画要长——撇捺收" 运笔规律："大"字作底，横要长、要偏左，撇要短，捺为长点（撇脚高，捺脚低）。 组字规律：底横要长，要把上面的部件全都托起来。"大"字作底以短撇和反捺居多；少数的字，上部部件小，形窄，下部的撇捺可以展开，但"大"字底的横要短。

大	天	奖	类	契	奥

小字底	《口诀》："小字作底——要出钩" 运笔规律：竖钩要直，竖要粗壮、要短，左点昂、右点略低，出钩要有力度。 组字规律："小"字大小取决于上面的部件：上面的部件多、横向宽，"小"要小，竖要短，左右两点宜近；上面的部件小、横向窄，"小"要大，竖要长，左右两点宜远。

小	示	东	票	景	孙

建之底	《口诀》："建之起笔——占中腰" 运笔规律：横折折撇要小，造型要美，右上取势，上横短，捺画要体现出"一波三折"之势。"建之儿"左宜窄，捺头高才帅。笔势向右方舒展，遒劲而富动感。 组字规律："建之儿"起笔一定要占被包围部件的中部（切记）。

廴	建	延	廷	起	庭

走之底	《口诀》："走之儿组字——'3'要小"、"点下起笔——占中腰" 运笔规律：点高悬，点与横折对齐，左宜窄宜小，仿佛是小写的"3"，"3"要小，"3"起笔要占右部的中腰，捺头低才帅，捺画要体现出"一波三折"之势。既要有动感又要平稳不失重心。 组字规律：被包部分完全往左靠。
	辶　迅　连　逼　过　送
走字底	《口诀》："走字作底——捺要长" 运笔规律：上横较短，上竖居中，中横偏左，上下短竖对齐，下横短，三横间距匀。短撇要开，平捺要长，以托住右上部。 组字规律：被包部分往左靠。
	走　赴　超　赵　趣　趟

五 字框

句字框	《口诀》："句字作框——短撇垂"、"被包部分——往左闪" 运笔规律：短撇垂，接撇尾部写横折钩，折笔后取直势（通常情况下）。左钩出锋不宜长，出锋短小尖锐为好。 组字规律：被包部分往左闪出半个字。被包部分的笔画"少、小、斜"时用斜包，斜势要小；若被包部分的笔画"多、大、正"时用直包。
	勹　匀　句　勾　勻　旬

医字框	《口诀》："医字作框——底横长"、"里部偏左——不越横" 运笔规律：掌握三点：①上横短；②竖左倾，起笔不接横；③折后的底横要比上横略长，底横略凸。 组字规律：被包围部分往左靠。					
	匚	区	巨	医	匠	匹
画字框	《口诀》："两边对称——底横凸" 运笔规律：写好画字框这一半包围框关键在于：外框不宜太高，呈上开下合之势，左右两竖要作相向处理，底横要上凸，万不能写平，右竖略长于左竖。 组字规律：先写被包部分，后写画字框，防止外框写得过大，字心与外框若即若离，恰到好处。根据不同的字形，调节框形大小和竖画的收缩度。 提示：画字框里边的左右两个底角角度基本相等。					
	凵	山	函	击	幽	齿
同字框	《口诀》："左短右长——同字框" 运笔规律：第一笔写左边的垂露竖，横折钩的起笔与左竖留空隙，折钩要长，横折钩的折钩可往外倾，不宜里靠。左竖短、细、轻；右竖长、粗、重。 组字规律：被包部分偏上、偏左，下部稍微宽些，字显得更稳更耐看（门字框同法）。 "里紧外松"：对于框字结构的组字，一定要用里紧外松的方法来处理。里部要收，要紧凑，外部要放，这样"里一收外一放"，疏密得势，字才显充实饱满，美观大方。					
	门	同	内	网	用	周

门字框	《口诀》:"一点占缝——门字框" 运笔规律:门字框的点侧而重,悬在左竖和横画"口"的上边。左右两竖可直可弧,必须对称,左缩右伸,左轻右重。 组字规律:被包部分偏上、偏左。
	门　问　闹　闻　间　闲
国字框	《口诀》:"国字作框——不封死"、"框字大小——看里边" 运笔规律:四面包围,围而不死,须透气。横折钩与左竖留空隙,底横不接左竖,也不越过右竖的钩。"围而不堵,守不宜困,为'口'之常法,以去呆板、滞闷之感。" 组字规律:被包部分适当靠上偏左。框部的造型要"因字而异","字随其形"。当框内留白少,即笔画多时,外框略大;当框内留白多,即笔画少时,外框要缩。
	口　国　回　固　目　四

第二单元 实用口语交际

 1 朗读的规律和技巧

朗读是一种有声语言艺术，它利用语音手段来传情达意。对中职生来说，学会用普通话正确、流利、有感情地朗读文章，可以培养语感能力，在朗读中理解、感知文章的内容，体会文章的表达方法，并在朗读中赏美、入境、动情，与作者产生思想共鸣。

朗读是提高口语交际能力的基本手段。通过朗读，可以规范字词读音，积累各种词汇，增强口语表达的感染力。

朗读的技巧主要包括语言的技巧、声音的技巧和表情的技巧。

语言的技巧是朗读和其他各种口语表达的基础（声音和表情的技巧，在此不作阐述）。语言技巧主要包括停连、重音、语调与语速四个方面。

一 停连

停连指的是朗读过程中语流的停顿和连接。

1 停顿的规律

1）根据标点符号的停顿要求进行长短停顿处理

段落之间＞省略号、破折号＞句号、问号、感叹号＞分号、冒号＞逗号＞顿号。各段落、标点符号之间的停顿时间长短是相对而言的，要根据语速确定，不能一概而论。同样一句话，不同的停连处理会带来对句意的不同理解。如：

（1）A：爸爸，妈妈她出去了。

B：爸爸、妈妈，她出去了。

（2）A：他不知道，谁知道？

B：他不知道谁知道？

2）根据语法结构或要强调的内容确定停顿长短

在没有标点符号的长句中，就要以句子中语法结构或者句子要强调的内容来决定如何停顿。一般用符号"∧"表示稍长的停顿，用"▲"表示很短的停顿。但停顿不能比标点符号的停顿长。如果是标点后加上"▲"，表示此处停顿的时间比该标点本身的停顿要稍长一些。如：

"但是，▲聪明的，你告诉我，我们的日子为什么一去不复返呢？"

在"但是"的后面停顿的时间比"的"、"我"等地方的停顿要稍长。

常用的语法停顿有以下几种：

（1）并列性停顿：指表示并列关系的词语间的停顿。如：

山▲朗润起来了，水▲涨起来了，太阳的脸▲红起来了。

（2）呼应性停顿：指表示呼应关系的词语间的停顿。

一锅▲小米饭，一碟▲大头菜，一盘▲自家酿制的泡菜，一只▲巷口买回的烧鸭，简简单单，不像请客，倒像▲家人团聚。

这里，前四个"▲"是并列性停顿，后一个"▲"是呼应性停顿。

（3）陈述性停顿：指表示陈述与被陈述的词语间的停顿。

我和太太▲在马来西亚槟榔屿参加一个游览团队。

（4）转折性停顿：指表示转折关系的词语间的停顿。有时会出现表示转折关系的关联词语，如"可是"、"但"、"然而"、"却"等，有时也不出现。如：

的确，有一些人找到了，但▲另一些人因为一无所有而只好扫兴而归。

（5）感情性停顿：指表示某种特别强烈的感情的词句间的停顿。如：

就在那年的秋天，母亲▲离我们去了，▲小弟弟一生下来不哭也不动，

也追随母亲▲去了。

3）强调性停顿

强调性停顿，是指为了强调某个事物或某种感情所作的停顿。这种停顿没有确定的规律，可以与语法停顿、标点停顿相一致，亦可以不一致。如：

（1）谁是我们▲最可爱的人呢？

（2）这也是为了取得▲从各个角度看▲都成一幅画的效果。

2 连接

连接指的是在朗读关系比较紧密的词语时，或在表达喜悦、急促等情态时，虽有标点相隔，但可连续读出。例如：

（1）燕子去了，有再来的时候；杨柳枯了，有再青的时候；桃花谢了，有再开的时候。但是，聪明的，你告诉我，我们的日子为什么一去不复返呢？是有人偷了他们罢；那是谁？又藏在何处呢？

（2）海燕叫喊着，飞翔着，像黑色的闪电，箭一般地穿过乌云，翅膀刮起波浪的飞沫。

（3）南来的钢筋、花布，北往的柑橙、三鸟，绘出交流欢乐图……

（4）郊外的景色▲真美呀！湛蓝的天空，像一池倒映的湖水；清新的空气，似醇酒的芳香，令人心旷▲神怡。

二 重音

句子中常有需要强调的部分，朗读时，对这些部分要做到声音延长、音量加大、强度增加，引起读者的注意，朗读中，有意识突出的最重要的字词叫重音。可分为语法重音、语义重音、修辞重音、感情重音。

1 语法重音

（1）让我们珍存这些爱，奉献这些爱吧！（谓语重读）

（2）中国是世界上人口最多的国家。（部分定语重读）

（3）谁拿走了我的书本？（主语重读）

（4）他是那样慈祥，那样亲切。（状语重读）

2 语义重音

（1）桂林的山真奇呀，桂林的山真秀哇，桂林的山真险哪。（并列重读）

（2）他很聪明，可就是太傲了。（转折重读）

3 修辞重音

（1）在乌云和大海之间，海燕像黑色的闪电高傲地飞翔。（比喻重读）

（2）这汽车走得实在慢，一天走不了二尺远。（夸张重音）

（3）风，呼呼地刮着；雨，哗哗地下着。（拟声重音）

4 感情重音

难道我们还甘心受侵略者的欺辱吗？

三 语调

语调，指的朗读句子时声音的高低升降，是朗读时语言的高低变化，又称句调。一句话的高低升降常常表现在最后一个音节上，（句末如果是语气词或轻声字，就表现在倒数第二个音节上）一般，语调可分为平、升、降、曲四类。

1 平调

句子语势平直舒缓，没有显著的高低升降变化。陈述、说明的句子可用平调，常表示庄严、悲痛、冷淡等感情。如：

（1）大雪压青松，青松挺且直。
（2）灵车缓缓地前进，牵动着千万人的心。
（3）警察爱理不理地说："你有什么事？"

2 升调

句子语势先低（平）后高，句末语气明显上扬。疑问句、感叹句可用升调，常表示号召、鼓动、反问、设问、疑问、申斥、惊异、兴奋等感情。如：

（1）这个故事怎能不使我感动地流泪呢？
（2）"五四"以来，中国青年们起了什么作用呢？
（3）这本书是给我的？
（4）只有怕死鬼才祈求"自由"！
（5）好啊，我们赢了！

3 降调

句末音节说得低而短促。陈述句、感叹句可用降调表示坚决、自信、赞扬、祝愿、感叹、请求、肯定等感情。如：

（1）勇士们，我将加入你们的队伍。
（2）交给我们吧，你磨光的扁担。
（3）它为自己想得少，而为别人想得多。
（4）多么壮丽的山河啊！

4 曲调

句子语势有"低—高—低"的曲折变化。疑问句、陈述句可用曲调，常表示惊讶、怀疑、讽刺、双关、幽默等感情。如：

（1）火烧到邱少云身上了。
（2）人的躯体怎能由狗的洞子爬出？
（3）这是何等的有责任心哪！

语句的语调是曲折变化的。它是通过声音的高低、强弱、长短，以及音色综合表现的。

四 语速

语速指的是语言的快慢变化，也是有声语言传情达意的一种主要手段。语速的快慢是由内容表达的需要决定的，它直接影响表达的效果。语速太快，会对听者的大脑皮层造成不间断的刺激，导致大脑皮层由兴奋转向抑制；语速太慢，会造成听者大脑思维状态的疲软,导致其注意力分散。因此,只有快慢适度才能表达出作者在文章中所想要表达的思想感情。

作品的内在感情对语速的影响比较大,主要表现在以下几个方面:

(1) 欢快、热烈、紧张、焦急、慌乱的情绪宜快读;悲痛、沉重、镇定、失重的心情宜慢读。

(2) 争吵、急呼、辩论宜快读;闲谈、耳语、絮语宜慢读。

(3) 抨击、控诉、指责、雄辩宜快读;叙述、说明、追思、回忆宜慢读。

一般来说,语速受以下三方面因素的制约:

(1) 听众的年龄、知识结构、心理因素和生理因素。

(2) 作品的思想内容。通俗易懂的宜快,晦涩深奥的宜慢;描写叙述的宜快,哲理论说的宜慢;环境描述的可轻快一些,紧张情节的叙述可急迫一些。有时为了调动听者的想象力,语流可作短时中断,留下"空白",会收到"无声胜有声"的表达效果。

(3) 环境因素。不同的空间距离,不同的会场气氛,不同的听者情绪,都会对语速有不同的要求。

停连、重音、语调和语速是朗读的四种技巧,只有共同完成,才能对朗读的有声语言进行再创造。

 听话与说话(一)

语文能力包括听、说、读、写四项能力。听和说作为语文的两个方面,相互关联,相互依存。明确和掌握听、说的基本要求,对提高口语交际的接受能力和表达能力都具有重要作用。

下面是孙犁的小说《荷花淀》中水生夫妻之间的一段对话:

水生说:"今天县委召集我们开会。假若敌人再在同口安上据点,那和端村就成了一条线,淀里的斗争形势就变了。会上决定成立一个地区队。我第一个举手报了名的。"

女人低着头说:"你总是很积极的。"

水生说:"我是村里的游击组长,是干部,自然要站在头里,他们几个也报了名。他们不敢回来,怕家里的人拖尾巴,公推我代表,回来和家里人们说一说。他们全觉得你还开明一些。"

 分析

"你总是很积极的。"水生嫂的一句话看似非常平淡，但这其中的含义和情感却不是人人都能理解的，是褒奖还是讽刺，抑或是埋怨？必须结合当时的语境辨析。从上下文看，水生嫂是个深明大义的人，对丈夫带头报名参军是热情支持的，但这么大的事情也不事先告诉一声，她显然是带有埋怨情绪的。可见，这种既肯定又埋怨的话语，表达的是一种嗔怒，是年轻女子对丈夫特有的一种复杂感情。

 实例二

现代京剧《沙家浜·智斗》中有一段阿庆嫂智斗刁德一的戏，节录如下：

刁德一：（白）阿庆嫂，
（唱）适才听得司令讲，
阿庆嫂真是不寻常。
我佩服你沉着机灵有胆量，
竟敢在鬼子面前耍花腔。
若无有抗日救国的好思想，
焉能够舍己救人不慌张。

阿庆嫂：（唱）参谋长休要谬夸奖，
舍己救人不敢当。
开茶馆，盼兴旺，
江湖义气是第一桩。
司令常来又常往，
我有心，背靠大树好乘凉。
这也是司令的洪福广，
方能遇难又呈祥。

刁德一：（唱）新四军久在沙家浜，
这棵大树有荫凉。
你与他们常来往，
想必是安排照应更周详。

阿庆嫂：（唱）垒起七星灶，
铜壶煮三江。
摆开八仙桌，
招待十六方。
来的都是客，

>全凭嘴一张。
>相逢开口笑，
>过后不思量。
>人一走，茶就凉。
>有什么周详不周详。
>
>胡传魁：（笑）哈哈哈哈。
>刁德一：（笑）嘿嘿嘿嘿。
>　　　　（白）阿庆嫂真不愧是个开茶馆的，说出话来滴水不漏。佩服，佩服。
>阿庆嫂：（白）胡司令，这是什么意思啊！
>胡传魁：（白）他就是这么个人，阴阳怪气的。阿庆嫂，别多心呀。
>阿庆嫂：（白）我倒没什么。（阿庆嫂下）

俗话说："锣鼓听声，说话听音。"有时说话者的话语中带有言外之意，听话者能否听得出来，这是鉴别他听话能力高低的标志之一。该实例中，刁德一怀疑阿庆嫂是新四军方面的人，先以"若无有抗日救国的好思想，焉能够舍己救人不慌张"试探。阿庆嫂巧妙回答后，又以"阿庆嫂真不愧是个开茶馆的，说出话来滴水不漏。佩服，佩服"相讽。刁德一绵里藏针，话中有话，阿庆嫂机智地以胡传魁作挡风墙，断然采取反击："胡司令，这是什么意思啊！"使刁德一下不了台。

听话和说话是人们在日常生活中进行信息交流的重要手段，也是一门艺术。培养良好的听说能力对于自己的学习、生活和将来的工作都有非常重要的意义。怎样培养基本的听说能力呢？就听而言，首先要专注地听；就说而言，首先要使用普通话。普通话是现代汉语的共同语，也是我国境内各民族之间相互交流的重要工具。随着社会的发展，普通话在国内乃至国际上发挥着越来越重要的作用。在这样的前提下，还需要掌握一些听说的基本原则。

1 听话的基本原则是听完整、听明白、听深入

（1）听完整。要耐心地听，把说话者表达的内容从头至尾地听完，没有遗漏，不断章取义。

（2）听明白。要仔细地听，集中注意力，听清说话者的语音、语调、语气等。正确把握说话者传递信息的内容主旨，准确地筛选重要信息或概括信息，分辨不同语境中词语的意义。如"这种食物可以治（致）癌"，究竟是"治"还是"致"，倘若听者理解有误，语意差别可就大了。再如，总的意思是向你征求意见，话语形式可以是："请谈谈你的看法好吗？""有啥看法就直接说嘛！""说说意见。""请您批评指正。"……如果不注意话语形式，就不能正确理解说话者的真正意图。

（3）听深入。要积极地听，既要对得到的信息作出积极主动的心理反应，又要善于发掘话语的隐含信息。如"你发财了，恭喜你了！"这一句，也许是亲朋好友来真心祝贺，也许是债主来讨债，也许是房东来收租金，也许是某单位来拉赞助，也许是无赖来让请客……究竟说话者是什么目的，就要根据说话者所处的语境正确地判断说话者的话语信息了。

平时训练中，我们要养成良好的听话习惯，要尊重他人说话，并能对听到的信息作出积极的评价。要善于排除外界的干扰，善于边听边思考。

2 说话的基本原则是简明、连贯、得体

（1）简明。简明就是简洁、明了，要用尽可能少的语言，传递尽可能多的信息，并且消除歧义，达到尽可能高的准确度和理解度。具体而言，简洁是指用较少的话语，把主要的意思说出来，不重复，不啰唆。说话要简洁，必须围绕中心，抓住要点，把必要的叙述和概括结合起来，删除冗余重复信息。明了，就是表达清楚，语意明确。要做到明了，首先是语音要准确规范，要用国家通用的普通话说话，字音清晰、语调得当；其次是意思明确。如"这份报告我写不好"，不同的停顿有不同的语意。另一种是"这份报告我写/不好"（不赞成自己写）；另一种是"这份报告/我写不好"（没有把握）。

（2）连贯。连贯指能够调整语句之间的顺序，注意前后照应和衔接。说话前，要考虑说话的中心，理清思路，考虑说话怎样开头，怎样结尾，中间怎样展开，做到胸有成竹。说话时，要言之有序。整个说话的过程，要针对听者的接受心理，按轻重缓急安排好先后，处理好详略。同时，说话无论长短，叙述的角度要一致。只有保持叙述角度的一致，语句之间才能连贯。

（3）得体。得体指能够恰当地使用语言，符合语境和语体的要求。说话时，一要看对象说话。同一个意思的话，由于对象的性别、年龄、民族、文化程度等不同，说法就要有所区别。例如，祝贺生日：对少年儿童,可祝福他健康成长；对青年人，可祝福他青春永驻，学业（或事业）有成；对老年人，则可祝福他平安幸福，健康长寿。二要看场合说话。俗话说"到什么山唱什么歌"，说的就是要注意在不同的场合说不同的话。场合有庄重和一般之分，有喜庆欢乐和悲痛沉重之分，有正式和非正式之分等。在不同的场合下，同样的话可能会产生不同的效果。三要注意说话时用语的表达方式。比如，出于不同的目的，处于不同的场合，要注意把握不同的语言特色；又如，借助恰当的修辞手法，能增强语言的感染力；再如，恰当地运用体态、表情等也可以增强说话的表达效果。

3 听话与说话（二）

听与说是口语交际中的两种方式，它们虽然可以分开研究，但两者在日常生活和工作中总是联系在一起的，因此口语交际应突破听、说单边活动的局限，突出听与说的互动，强调"交际"的功能。

晏子使楚（译文）

晏子出使到楚国去。楚国的君臣想要耍弄一下晏子，显显楚国的威风。他们知道晏子是个矮个子，就在大门旁边开了一个小洞，让晏子从这个小洞进城去。

晏子走到小洞前边，看了看，说："这是狗洞，不是城门。出使狗国的人，才从狗洞进。今天我是出使楚国，不是出使狗国。请问我是来到了狗国呀，还是来到了楚国？"楚人无话可对，只好打开城门，迎接晏子进去。

晏子见到楚王，楚王笑嘻嘻地说："怎么，齐国就没有人了吗？"

晏子知道楚王是在讽刺他，就不动声色地回答说："您这是什么话！单是我们齐国首都临淄，就有七八千户人家。街上的行人要是都张开衣袖，就可以遮天蔽日；要是都甩一下汗水，就可以汇集成一场大雨。人挤得肩膀挨着肩膀，脚尖碰到脚跟。大王，您怎么说齐国没有人呢？"

楚王说："既然有这么多人，为什么要派你这样的人来出使呢？"

晏子不慌不忙地回答："噢！这您就不知道了。我们齐国派遣使臣有个规矩：要是对方是个上等国家，就派个有本事、有德行的人去；要是对方是个下等的国家，就派个碌碌无能的人去。因为我是最没出息的人，所以才把我派到你们楚国来。"

从楚王说话的口气和说话时的表情，晏子敏锐地听出了楚王的言外之意——耻笑他的个头矮小，羞辱齐国无人。晏子以"针尖对麦芒"的说话方式，有力地反击了楚王的话语攻势，让楚王搬起石头砸了自己的脚。晏子与楚王的言语较量，说明了口语交际中只有听明白了说话者的真实意图，才能做到巧妙应对，出口成章。这也从另一方面说明了说话时不要以故意伤害别人为能事，否则将会自取其辱。

一 听话的技巧

如今是信息化的时代，快速准确地收集信息、把握信息，成为人们取得成功的必要条件之一。人们获取信息的渠道和方法有多种多样，但最基本最常用的还是"听"。在日常生活和工作中，仅仅满足于"听清楚"还不够，还要做到善于"听"。

如何才能做到善于"听"呢？

（1）在善于捕捉说话者话语中关键信息的同时，要善于捕捉话语背后的隐含信息。

所谓"关键信息"，主要指说话者话语中的关键字、关键词以及关键句，抓住了这些关键要素，也就抓住了说话者话语中的重要内容。但是，抓住了话语的主要内容并不等于抓住了说话者的说话意图。俗话说："听锣听声，听话听音。"有的话语直言不讳，言明意显；有的话语弦外有音，言外有意。只有善于捕捉话语背后的隐含信息，即潜台词，才可能真正明白说话人的真实意图，实例中晏子听出了楚王羞辱齐国没有人的言外之意，借话题反击，从而使楚王自取其辱。

（2）要善于观察说话者说话时的肢体语言。

肢体语言是说话者表情达意的辅助手段。心里想什么，有时会不自觉地通过肢体语言和面部表情表露出来。听话时要善于借助说话者的肢体语言，把握说话者话语背后隐含的信息，以此领悟说话者真实的说话意图。

（3）要善于揣摩说话者说话时的语气语调。

同样的一句话，说话者语气语调不一样，所表达的意思会截然不同。比如说"你真能干"这句话。如果说话者用陈述的语气和感叹的语调，把重音放在"真"字上，其想表达的就是"肯定、赞美"的意思；如果说话者用疑问的语气和质问的语调，把重音放在"干"字上，其想表达的就是"怀疑、否定"的意思。所以，听话时一定要注意从说话者说话时的语气语调上去体会话语的含义。

（4）要善于结合说话时前后的语言环境。

对话是在一定的语言环境中进行的。一句话离开了具体的语言环境，可能有多种含义，一旦放到一定的语境中，其含义就较明确了。听话时要想听明白、听深入，就要善于结合前后语境去理解话语的意思。

二 说话的技巧

说话，是一种艺术，要求讲究一定的技巧。俗话说："良言一句三冬暖，恶语伤人六月寒。"要想把话说得人人爱听，不仅要做到说得对、说得清，更要做到说得好、说得巧。说得好、说得巧，就是要讲究说话技巧，追求说话效果。这就要求说话者对说话

的对象和语言的形式进行研究，选择得体的语言、语调、语气以及说话切入点。什么叫做说话得体呢？就是说话要以适度、适当为原则，做到适时、适情、适势。

怎样才能做到适度、适当呢？一般需要注意以下两点：

1 要看对象说话

不同性格、不同年龄、不同修养的人，说话的形式、语气、语调等都不一样，对说话习惯、措辞方式、言语形式的要求也不一样。因此，即使说话的内容是一样的，对不同身份、不同心境、不同职业、不同性别、不同性格、不同文化程度的说话对象，也要选择不同的说话形式、措辞方式，选用不同的语气、语调。比如：

> 一位人口普查员问一位农村老太太："有配偶吗？"老人愣了半天，然后反问："什么'配牛'（方言读óu）？"普查员不得不再解释："就是老伴。"老太太笑了，说："你说老伴不就得了，俺哪懂得你们文化人说什么'配牛'呢？"

这位普查员就犯了说话不看对象的错误，引起误会，闹了笑话。

2 要看场合说话

场合有庄重与一般、喜庆与悲伤、欢快与沉重之分，有家人与外人、熟人与陌生人之分，有适宜多说与不宜多说之分。因此，不同的场合要说不同的话，甚至同样的话在不同的场合下，说话形式、措辞方式以及语气语调都会不一样。比如：

> 我国一位民间人士参加一次国际会议，受到外国友人隆重的接待。宴会上，这位人士开始的一番话受到东道主的称赞："先生的口才真好，你可以当外交官了。"这种场合下，他只要回答一句"谢谢"就可以了。而这位人士却忽略了所处场合的严肃性，说了一句很不协调的幽默话："你这话很对，我是应该做外交官的。而我没有做，这是我国外交部的一个失误。"这句话立即使在座的外国友人和当地政府人员愕然失色。

这位民间人士在如此严肃、正规的场合拿外交部开玩笑，不仅不幽默，反而使对方很尴尬，所以，这种话语在此处显得很不得体。由此也说明，语境的把握和选择对说话者来说是很重要的。

除此之外，说话时要注意恰当地使用表情、手势等肢体语言，要注意说话时的音量、语气、语调，尽量做到和气，富有节奏感。同时，说话时还可借助恰当的修辞手法，增强语言的感染力。

下面的情境中，记者和农民的交谈为什么最后闹得不欢而散？两人一组，一个扮演记者，另一个扮演农民，模拟双方的对话，体会说话双方的语气和情感变化，然后回答上面的问题。

> 记者：大爷，今年的收成好，收入不少吧？
> 农民：是啊！现在政策好，咱庄户人家的日子好过多了。

记者：有了钱了，您准备干什么用啊！

农民：噢，盖几间新房。

记者：盖了新房，还干啥呀？

农民：买彩电。

记者：买了彩电，还干啥呀？

农民：（不耐烦了）买冰箱！

记者：（没觉察对方反应）买了冰箱，还干啥呀？

农民：（急了）你管得着吗？我的钱，爱干啥就干啥！

阅读下面材料，进行对话训练：

一位年近60岁的老太太从一个电器专卖店买了一个暖手器，回去一试，竟是坏的。第二天一大早，老太太来到店里要求换货，可是售货员以该货不是从她手里卖出为理由，坚决不同意换货，并且埋怨老太太买的时候为什么不当面试一试。老太太解释说，当时她不知道可以试，希望售货员能通融一下。售货员却说："那就怨你自己了，谁叫你不多长点儿心眼。"老太太说售货员说话太难听，要去找她的经理，售货员没好气地说："你愿意找谁就去找谁，我才不怕呢！"本来心里就有气的老太太更着急了，于是气呼呼地去找专卖店的经理理论。经理耐心地听明来意后，三言两语就把事情解决了。本来想理论一番的老太太，也客客气气、高高兴兴地拿着新换的暖手器走了。

经理说了什么话让老太太"客客气气、高高兴兴"地离开？根据上面的情境，每三人为一小组；一个扮演老太太，一个扮演售货员，一个扮演经理，分组分角色地进行模拟对话。模拟对话训练中，比一比哪一组的模拟对话最接近情境中的语言环境和人物身份，然后评出若干优胜小组。

4 自我介绍

介绍是交际之桥，自我介绍是使别人认识自己的一种礼节和方式，是人与人之间相互沟通的出发点。

自我介绍时要注意的事项有：

（1）克服语言交际的心理障碍。

（2）自我介绍时口齿清楚、仪态大方、表述流畅，能根据不同场合选恰当的方式。

（3）自荐时准备充分、态度从容，能恰如其分地表明自己的愿望和能力。

应聘时自我介绍

某小学准备招聘一位美术教师，应聘的人很多。以下是甲、乙、丙三位应聘者在应聘时的自我介绍。

甲自豪地说："我是××大学的高材生，在省美术比赛中获得过二等奖，我想，当一个小学美术教师应该是绰绰有余的。"

乙不甘示弱地说："我是××艺术学院的学生，刻苦好学，成绩优秀，在市级雕塑比赛中获得过一等奖，指导学生搞雕塑是我的强项。我相信，像我这样条件的人不是很好找的。"

丙谦虚地说："老师好！我叫屈凡，'屈原'的'屈'，'平凡'的凡。我是××职业技术学校美术专业中专应届毕业生。我曾在学校动漫设计大赛中获得过一等奖；还担任过校学生会宣传委员，组织过多次校级美术竞赛及作品展示活动。上学期间，我曾应聘到市少年宫美术班担任辅导教师一年；毕业实习时，我选择到小学实习，教美术课，得到老师和学生们的好评。我想我的情况可能更适合你们的需要，这是我的获奖证书和相关材料，请多关照！"话音刚落，丙把证书和一份材料放在招聘者面前。丙的自我介绍打动了招聘者，最后在激烈的竞争中，丙获得了成功。

（1）甲乙虽然功底不错，成绩优秀，但他们一味强调自己的学历和才能，忽视了对方的需求。

（2）甲乙在态度上都有些自负、语气生硬，没有使用礼貌用语。

（3）丙在介绍时运用敬辞、谦词等礼貌用语，根据对方需求，实事求是、具体介绍自己的优势，突出了实践经验和组织能力。

一、分析下面几组材料，议论一下可以从中得出怎样的结论。

第一组材料：

战国时期，赵国的蔺相如曾出使秦国，凭着他过人的胆识和三寸不烂之舌保全了传世之宝"和氏璧"；又在渑池之会上以奋不顾身的精神和犀利的言词挫败了秦王的挑衅，维护了赵国的尊严，因而受到赵王重用。大将廉颇起初不服，说："我作为赵国的大将，有攻城野战的大功，可蔺相如仅仅凭着能说会道就立下功劳，地位比我还高，我感到羞耻。"后来，蔺相如一番深明大义的话传到廉颇耳朵里，使他深受感动，亲自登门向蔺相如道歉，这就是"负荆请罪"这个成语的由来。

请从语言交际的角度分析：蔺相如的成功说明了什么？廉颇起初说的那句话反映了他对"说"有怎样的看法？廉颇后来的幡然悔悟又说明了什么问题？

第二组材料：

美国第16任总统林肯曾说："演说时也有一种畏惧、惶恐和忙乱。"

以擅长演说著称的英国首相丘吉尔说："演说时心里似乎塞着一个几寸厚的冰疙瘩。"

古罗马著名的雄辩家西塞罗说："演说一开始我就感到面色苍白，四肢和整个心灵都在颤抖。"

你想到过这些世界级的大演说家在当众讲话的时候，竟然也有紧张畏惧的心理吗？这些事实说明什么？

第三组材料：

1. 19世纪20年代到50年代，美国四大著名演讲家之一的韦伯斯特，在上学的时候连课堂回答问题都怕得要命，他曾经写道："……我经常在我自己的房间里反复练习，反复背诵，但当我来到学校，只要老师一喊我的名字，看到许多双眼睛盯着我，我就不敢离开座位。……伯克米斯特先生经常鼓励我，让我大胆尝试，但每次我都不能获得理想的效果。每次失败后回到家里，我都不吃饭，还要大哭一场。"

2. 日本前首相田中角荣两岁时患白喉发高烧，病愈后留下口吃的后遗症，后来他经过刻苦的练习，终于能够在众目睽睽之下发表演说，阐明自己的政治主张，最后登上日本执政党自民党总裁的宝座。

请问，上述事实对你有什么启发？

二、讨论如下问题，总结控制紧张畏惧情绪的几种方法。

1. 回忆一下，在你既没有复习、又没有预习的情况下，老师突然叫你回答问题，你的心理状态如何？相反，如果你对问题的答案早已成竹在胸，被叫起来的时候心理状态又是如何？这对我们进行语言交际有什么启发？

2. 心理学研究告诉我们，人不可能同时产生既愉快又痛苦、既昂扬又消沉、既松弛又紧张、既勇敢又畏惧……这类截然相反的两种情绪。从电视中我们也能看到，集体项目的体育比赛在开赛前，运动员大都聚在一起拍一下手，大喝一声"嗨"，来提高士气，既然如此，我们在进行语言交际之前应当怎么做？

3. 研究表明，人的心境—呼吸频率—语流速度三者之间存在着必然的联系。紧张会导致呼吸加快，说话喘不过气来，甚至难以控制。那么这三者中哪些因素是我们说话时

能够有意调节的呢？这对我们进行语言交际能有什么启发？

三、下面是有关自我介绍的几种实例，请分析每种介绍方式的特点并给以命名。

1. 我叫张莉，弓长张，茉莉花的莉。到今年12月17日满16岁。我性格开朗，爱好广泛，特别喜欢唱歌、跳舞、读小说。我愿意和同学们友好相处，共同进步。

2. 我叫王鹏飞。大家选我当班长，我感到十分荣幸。父母希望我如大鹏展翅，扶摇万里，我却希望我们的班集体能够乘风直上，奋勇腾飞。

3. 我叫李洁。我的名字多少反映出我的特点：喜欢整齐、清洁。也许正因为这一点，我当上了生活委员。其日常工作是为同学们买饭票和组织值日、卫生大扫除等。当我为同学们做了一点事情的时候，我并不期望听到"李洁（理解）万岁"的欢呼；当我因做值日与同学发生摩擦的时候，我衷心希望李洁能得到"理解"。

4. 我叫高威武，身高1.63米，又干又瘦，既不高，也不威武。但是我身上206块傲骨一块也不缺，丝毫也不为自己的形象自卑。如果有谁坚持以貌取人，我倒愿意在围棋上同他较量较量，以证明我的大脑并无缺陷。

5. 百家姓中我为先，诗圣大名在中间，屈原一个"原"字，加在姓名最后边。赤橙黄绿青蓝紫，是我业余的好伙伴。

6. 父亲姓贾，我妈常叫我继兴，我的小名有失文雅，并且成为我奶奶的专利，恕不奉告。本人记忆力超群，遗憾的是老记不准历史年代，于是乎同学们无意中就把我叫做"假记性"。不过我得提醒各位，谁要是说了我的坏话，我能记他一辈子。

7. 一位工人这样自我介绍"一个胸怀锦绣的黑脸大汉，一个朋友如潮的孤独者，一个人说他自信、幽默，而他内心却时时产生危机感的年轻人——这就是我，刘长青，热爱诗歌的大桥工人。"

8. 一位配音演员这样介绍自己："我可以这样说话——（瓮声瓮气）'猴哥，哪儿有妖怪呀！'我也可以这样说话——（尖声尖气）'八戒，她就是妖怪！'我还可以这样说话——（妖声妖气）'长老快救救小女子！'以上是我——配音演员于民的说话方式。"

四、分析下列自荐的实例，归纳其中的要点。

1. 某新成立的高中班竞选班长，下面是三位竞争者的竞选演说节选，如果你是该班成员，你将投哪个人的票？

甲："……我本人的思想境界还有待提高，工作方法还需要改进，学习成绩离时代对我们的要求还相差得很远，并且身上存在着这样那样的缺点。总之，我的能力是有限的，但我愿意全心全意为同学们服务，甘当一座沟通老师和同学的桥梁，把我们的班集体搞好。"

乙："……我认为，当今的社会是个竞争的社会，崇尚的应当是自信、进取、拼搏。我从小学到初中一直当班长，有当班干部的丰富经验。大家如果选我当班长，我将全力以赴，保证使我们班的学习成绩名列年级第一，在校运动会上总分名列前茅，在校文艺节中获奖，使我们班成为德、智、体、美、劳五育并重的优秀班集体！"

丙："……我上小学的时候先后做过生活委员、体育委员和大队长。上初中以后一直担任班长，曾连续三年被评为优秀干部、三好学生。我所在班级被评为优秀班集体。我还曾作为学校唯一代表，参加了区优秀学生班干部表彰会，并在大会上作了典型发言。如果我被选为班长，我将和班委会的成员们一起努力做好以下几方面的工作，第一……"

2. 1860年，林肯作为美国共和党的候选人，与其对手，民主党人、大富翁道格拉斯竞争总统职务。他向选民这样推荐自己：

有人写信问我有多少财产。我有一个妻子和三个儿子，都是无价之宝。此外，还有一个租来的办公室，室内有办公桌一张，椅子三把，墙角还有一个大书架，架上的书值得每个人一读。我本人既穷又瘦，脸型很长，不会发福。我实在没有什么可依靠的，唯一依靠的就是你们。

竞选的结果是，林肯击败了在竞选中炫耀财富的道格拉斯。当然，林肯获胜的根本原因是他的政治主张，但不可否认他的自荐策略正确是其中的重要原因之一。请说说，上述演说有什么特点？

3. 英国著名科学家戴维爵士需要一名助手，年轻的法拉第（英国物理学家和化学家，1831年发现电磁感应现象，确定了电磁感应基本定律，他奠定了现代电工学的基础）前去应聘，下面是他们之间的一段对话：

戴维："年轻人，我很感动，不过可能因为你没有在实验室干过，所以才愿意到这儿来，科学太艰苦，要付出极大的劳动而仅有微薄的报酬。"

法拉第："但是，只要能做这件工作，这工作本身就是一种报酬啊！"

戴维："哈哈哈，你再看我腿上的伤痕，这是氢和氨实验引起的一次爆炸留下的。我想，你装订的那些书籍总不曾把你炸痛，让你出血或把你打昏吧！"

法拉第："是的，不曾。但每当我翻开装订的科学书籍，它的目录常使我目瞪口呆、神魂颠倒。"

结果是法拉第顺利应聘。请问，从他们的对话中你能感悟到什么道理？

4. 某青年曾到一家冰箱厂应征公关部的一个职位，由于准备不充分而落选。后来他又到一家化妆品厂去应聘，而他对化妆品却是外行；但为了应聘，他预先调查了国内化妆品业的现状和潜在市场的情况，外国化妆品在国内的地位，各化妆品厂家产品的比较，各竞争厂家的营业情形等。当他应聘时，他对于化妆品业的全面了解及中肯分析使招聘者大为惊讶，不用说，他捷足先登了。这个青年两次应聘说明了什么？

5. 某公司招聘职员，主考官以相同的问题询问应聘者："你们为什么要来报考我们公司？"

甲说："我在原单位不能专业对口。我是学电子的，可偏偏让我坐办公室，大好年华都白白浪费了。我到这里来是想实现自己的价值。另外，我在原单位离家也太远，上下班有诸多不便。"

乙说："我经过调查了解，得知贵公司力量雄厚、事业发达，领导核心团结得力，能为一切愿意发挥自己才干的人提供机会。我愿意到这样的环境中工作。"

请判断一下，在条件差不多的情况下，会聘任哪一位，为什么？从这个实例中我们能得到怎样的启示？

6. 某游乐城招聘公关人员。该单位机构庞大、部门齐全，各种设施应有尽有；员工工资及福利待遇良好，工作条件优越，令人向往。这次招聘考试的最后一个题目是要求考生以正当的理由离开游乐城。有人说"父亲病危"，招聘单位却可以把老人家接到单位医院治疗；有人说"要赶回去结婚"，招聘单位却可以把新娘接进单位举行婚礼……总之，所有的"理由"都被轻而易举地驳倒了。这时一位姑娘走到主考官的面前轻轻地说："我不考了。"结果姑娘中选。此事未必真实，但是其中某些规律性的东西却是自荐应聘的人不能不了解的。思考一下它给我们什么启示？

一、每人根据自己的特点，设计两段自我介绍的话，在班内交流。要求：

（1）第1段话适用于正式的或比较严肃的场合；第2段话适用于气氛较为轻松的场合。

（2）每人依次到讲台前向全班同学作自我介绍，要注意口齿清楚，仪态大方。

二、每人根据自己的特长向班集体自荐担任一项工作。在自荐演说中要尽量表明：

（1）自己非常希望得到这项工作；

（2）自己有能力胜任这项工作；

（3）自己对做好这项工作的初步设想。

三、全班分成甲乙两组，以所在职业学校的所学专业为内容，甲组扮演该专业招聘单位的主考官，设计一组考察者的试题；乙组扮演前来应聘的求职者，为可能出现的问题做好充分准备。每组推选出自己的代表，在班上做招聘考试模拟练习，一轮过后甲乙组对换。

四、假如你是一个不大敢与陌生人说话的人，不如从打热线电话开始培养自己的说话能力。具体做法是：

（1）从你所在城市的电话查号台查到市长热线电话（或其他任何热线电话）的号码；

（2）事先想好礼貌用语和自我介绍的"开场白"，以及想要反映的情况或所要提出的问题；

（3）通话时根据语音想象对方的面貌表情；

（4）道谢之后再放下电话。

五、注意报纸上的招聘广告。有适合自己的，不妨前去做一次应聘实习，以检验自己的适应能力。如果失败了，要分析原因，特别要检查自己在语言交际方面是否有失误之处。如果合格了，要及时将自己的打算通知招聘单位，以免影响真正的求职者。

5 介绍工艺流程

在工业品生产中，从原料到制成成品需要经过一系列的工序，这些工序安排的程序就是工艺流程。在学习、工作和日常生活中，我们常常需要向别人介绍产品的工艺流程。

景泰蓝是我国传统手工艺品中的一朵奇葩，它以制造精细、工艺精湛驰名中外，成为人们喜爱的手工艺品，现在把它的制作过程介绍如下：

景泰蓝拿红铜做胎，为的是红铜富于延展性，容易把它打成预先设计的形式，要接合的地方又容易接合。一个圆盘子是一张红铜片打成的，把红铜片放在铁砧上尽打尽打，盘底就洼了下去。一个比较大的花瓶的胎分作几截，大概瓶口、瓶颈的部分一截，瓶腹鼓出的部分一截，瓶腹以下又是一截。每一截原来都是一张红铜片。把红铜片圈起来，两边重叠，用铁锤尽打，两边就接合起来了。

……

第二步工作叫掐丝，就是拿扁铜丝（横断面是长方形的）粘在铜胎表面上。这是一种非常精细的工作。掐丝工人心里有谱，不用在铜胎上打稿，就能自由自在地粘成图画。譬如粘一棵柳树吧，干和枝的每条线条该多长，该怎么弯曲，他们能把铜丝恰如其分地剪好曲好，然后用钳子夹着，在极稠的白芨浆里蘸一下，粘到铜胎上去。柳树的每个枝子上长着好些叶子，每片叶子两笔，像一个左括号和一个右括号，那太细小了，可是他们也要细磨细琢地粘上去。他们简直是在刺绣，不过是绣在铜胎上而不是绣在缎子上，用的是铜丝而不是丝线、绒线。

……

刚才说铜丝是蘸了白芨浆粘在铜胎上的,白芨浆虽然稠,却经不住烧,用火一烧就成了灰,铜丝就全都落下来了,所以还得焊。现在沾满了铜丝的铜胎上喷水,然后拿银粉、铜粉、硼砂三种东西拌和,均匀地筛在上边,放到火里一烧,白芨成了灰,铜丝就牢牢地焊在铜胎上了。

……

于是轮到涂色料的工作了,他们管这个工作叫点蓝。图上的色料有好些种,不只是一种蓝色料,为什么单叫做点蓝呢?原来这种制作方法开头的时候多用蓝色料,当时叫点蓝,就此叫开了(我们苏州管银器上涂色料叫发蓝,大概是同样的理由)。这种制品从明朝景泰年间十五世纪中叶开始流行,因而总名叫景泰蓝。

……

现在该说烧的工作了。涂色料的工作既然叫点蓝,不用说,烧的工作当然叫烧蓝。一个烧得挺旺的炉子,燃料用煤,炉膛比较深,周围不至于碰着等着烧的铜胎。烧蓝工人把涂好色料的铜胎放在铁架子上,拿着铁架子的弯柄,小心地把它送到炉膛里去。只要几分钟工夫,提起铁架子来,就看见铜胎全体通红,红得发亮,像烧得正旺的煤。可是不大工夫红亮就退了,涂上的色料渐渐显出它的本色,红是红绿是绿的。

涂了三回烧了三回以后,就是打磨的工作了。先用金刚砂石水磨,目的在使成品的表面平整。所谓平整,一是铜丝跟涂上的色料一样高低,二是色料本身也不许有一点儿高高洼洼。磨过以后又烧一回,再用磨刀石水磨。最后用椵木炭水磨,目的在使成品的表面光润。椵木木质匀净,用它的炭来水磨,成品的表面不起丝毫纹路,越磨越显得鲜明光滑。旁的木炭都不成。

椵木炭磨过,看来晶莹灿烂,没有一点儿缺憾,成一件精制品了,可是全部工作还没完,还得镀金。金镀在全部铜丝上,方法用电镀。镀了金,铜丝就不会生锈了。

……

——选自叶圣陶的《景泰蓝的制作》

叶圣陶的《景泰蓝的制作》是一篇口语体色彩较强的文章,介绍了景泰蓝制作的工艺流程。作者以景泰蓝的制作过程为顺序,有条不紊地介绍了制胎、掐丝、点蓝、烧蓝、打磨和镀金这六道工序,层次清晰。在介绍每一道工序时,都把如何操作、经过几道手续等说清楚。文章重点介绍"掐丝"和"点蓝"两道工序，突出制作景泰蓝的特有工艺和"景泰蓝"的特征，让人们了解这种民族工艺品的珍贵性，同时也弘扬了民族文化。文章语言准确、通俗、自然，就像一位高明的讲解员在景泰蓝制作现场给参观者介绍一般，娓娓道来。

介绍产品的工艺流程，要注意以下几点：

1 熟悉介绍的对象

介绍前，要对介绍的对象有一个全面的了解，不仅对讲出来的材料要熟烂于心，而且对不一定讲出来的有关背景材料、备用知识也要有所了解。介绍产品的工艺流程，一是要了解产品的各道工序及其制作原理、制作要领；二是要了解产品的原料、性能、特点、功用等。这样，介绍才能做到全面、准确、科学，对于听众临时提出的问题，才能给出令人满意的回答。

2 清理介绍的思路

介绍工艺流程一般按照工序的先后顺序逐一进行介绍，突出每个步骤的操作要求。在介绍每个工序时，也要严格按照制作程序来介绍，如《景泰蓝的制作》介绍"点蓝"这一工序时，依次介绍"研磨色料→筛选色料→填上色料→三填三烧"。这既符合制作过程自身的特点，也符合听众的心理特点。同时，要根据产品制作的特点，突出制作的主要工序和特有工序，从而给听众留下深刻、清晰的印象。如《景泰蓝的制作》重点介绍了决定景泰蓝质量的"掐丝"和"点蓝"两道关键工序，突出了景泰蓝制作的独特风格和珍贵之处。

3 了解听众的情况

要尽可能了解听众的情况，了解听众的听讲目的、文化修养、性格特点、兴趣爱好以及对你所讲内容的可接受程度等。这样才能在介绍时把握听众的心理需求，并根据听众的情况和反应及时调整介绍的内容和方式，让听众愿意听你的介绍，听懂并接受你的介绍。

4 语言通俗准确

介绍是一种口语表达的方法，要多用短句和日常生活词汇，忌用有歧义和生僻的词汇。如《景泰蓝的制作》大量运用了"心里有谱"、"尽打尽打"、"像一个左括号和一个右括号"、"放到稀硫酸里煮一下，再用清水洗"等日常语言，听众一听就懂。同时，工艺流程具有科学性，介绍语言应准确精当。如《景泰蓝的制作》在介绍色料的有关特征时，十分贴切地运用了"色料"、"原料"、"釉彩"、"质料"四个词，这四个词意义相近又有差异，不能互换。此外，介绍工艺流程会涉及一些专业术语，如果是向非专业人士进行介绍，要尽量不使用专业术语，即使使用也要用通俗的语言加以说明。如《景泰蓝的制作》介绍红铜的"延展性"时，用"容易把它打成预先设计的形式，要接合的地方又容易接合"来说明，大体上表明了"延展性"这个术语的内涵。

5 借助相关材料

介绍前一要准备好介绍的文字材料，二要准备好与介绍对象相关的实物、图像、多媒体软件等材料，并借助这些材料进行介绍。这样，介绍才能直观、可感，听众印象才能深刻。介绍工艺流程时，要尽可能按照制作流程，一道一道工序地介绍，也可以借助于实物或图片，增强介绍的直观性。

以你所学专业的某一产品为对象，向同学介绍该产品的工艺流程。互相评议一下，看谁介绍的效果更好。

6 演 讲

演讲又称为演说，它是指演讲者面对听众，就某一个问题系统地阐述自己的观点和主张的社会活动。演讲作为一门学科，从两千四百多年前的古希腊时代开始，就有人从事专门研究并付诸实践；时至今日，演讲之风盛行于世，经久不衰。政治家就职施政，求得拥护，离不开演讲；军事家发号施令，鼓动士气，离不开演讲；企业家管理工厂、协调人事，离不开演讲；教师传道授业凭借的手段本身就是演讲。演讲已经成为世界上公认的现代人必备的素质之一。

一 演讲的特点

（1）鲜明的目的性。每次演讲都有一个既定目的，或触及社会普遍关注的问题，或提出一种独立的见解，或涉及一个学术命题等，演讲者应能针对问题，直抒己见，给人启迪或鼓舞。

（2）感人的艺术性。演讲是语言艺术，听众不仅听其声，解其意，还要观形，悟其情。声、形、义、情要通过恰当的处理表达出来，产生一种感人的艺术魅力。

（3）较强的综合性。演讲是演讲者品格修养、知识经验、思想情操、风度仪态的具体展现；演讲者把有声语言与思想内容统一起来，又把姿势、动作、神情统一起来，既注重听觉效果，又注重视觉效果。演讲是诸多要素协调综合的口语实践活动。

二 演讲的要求

1 内容——正确感人

内容正确是演讲的生命。演讲是思想内容与表达技巧的结合，而形式是为内容服务的。所以，单纯追求技巧而内容空泛虚假的演讲，只会给听众以哗众取宠或无病呻吟之感。

2 语言——晓畅生动

演讲者运用有声语言阐明观点、传递信息、抒发感情，所以语言必须准确、规范、流畅，并富有逻辑力量。要尽量用通俗的、富有人情味的口语说话，克服专业术语和华丽形容词堆砌的倾向。同时，演讲语言应该是生动悦耳的语言，悦耳的语言可以"先声夺人"。此外，形象性的表达，可以使演讲更具吸引力。

3 感情——朴实真诚

演讲要以理服人，以情动人。单纯的理论说教，不容易让人接受，从心理学角度说，演讲是一种感情交流过程，要用朴实真诚的感情打动听众，引起听众的共鸣。

4 态势——自然得体

演讲是由"演"、"讲"两方面构成的。所谓"演"，主要指的是态势，包括仪态举止、手势表情，它们是自然流露的"形体语言"，是同有声语言相互补充、相互配合来表达语意的。演讲的态势要服从表情达意的需要，做到自然得体。

三 演讲的技巧

演讲的过程一般可分为三个部分：开头、主体、结尾。

1 演讲的开头

俗话说，"万事开头难"，这对于演讲的开头是很适合的。从心理学的角度来看，一次活动开始时的二三分钟是人注意力最集中的时候，因此，演讲中的开场白肩负着引起听众注意的特殊使命，它将自始至终左右着听众的注意指向。

演讲开头的方式很多，常见的有：悬念式、情景式、直入式、提问式、幽默式、名言式六种。

（1）悬念式开头。

演讲一开始设置悬念，可以很快地激发听众的兴趣，使听众进入"迫切期待"的境界之中。如下面这段演讲的开头：

140年前，伦敦出版了一本被公认为不朽的小说杰作，很多人都叫它为"全球最伟大的一部小说"。当小说出版之时使得市民在街头巷尾与朋友见面都要彼此问一声："你读过这本书吗？"答案几乎都是："是的，我读过了。"这本书出版的第一天，便销售了一千本，两周内销售了一万五千本，很快，世界各国都有了译本。几年前，银行家摩根以连城的价值买到了这本书的手稿，现在这本书的原始稿陈列在纽约市的美术馆……

这段开场白是成功的，因为它一开始就设置了悬念，引起听众的注意，并且使听众的兴趣逐步增强。在听众急不可耐的时候，演讲者才点破谜底："这一部世界名著是什么呢？就是狄更斯19世纪40年代写的《圣诞欢歌》。"

（2）情景式开头。

情景式开头，由演讲当时的时间或情景讲起。如在1863年11月19日，美国葛底斯堡国家烈士公墓落成之时，1.5万名听众从四面八方聚拢在临时搭建的主席台前，当时的美国国务卿埃弗雷特心潮骤涌。眼前的人群、麦田、连绵不绝的坡地、远方沉思的青峰都激起了他心中的波澜。因此，他望着眼前壮丽的景色，开始了他近两个小时的演说。他的开场白是这样的：

站在明净的长天之下，从这片经过人们终年耕耘而现在还安静憩息的广阔田野放眼望去，那雄伟的阿勒格尼山脉还隐约地耸立在我们前方，兄弟们的坟墓就在我们脚下，我真不敢用我这微不足道的声音打破上帝和大自然安排下的这意味无穷的寂静……

这段话把壮阔的景色与对烈士们崇敬的心情融合在一起，极大地吸引了观众，被人称作是他"一生中精心杰作"。

（3）直入式开头（即"开门见山"）。

直入式开头，接触讲题，没有丝毫累赘之言。单刀直入，可以帮助听众在一开始就抓住要领，明确讲题的重要，产生听下去的精神准备。有一篇题为《战士的爱》的演讲稿是这样开头的：

听到这个题目，在座的许多同志也许会联想到爱情。是的，爱情是神圣的，也是美好的。可是今天所要讲的，却是一种更高意义上的，具有更强生命力的爱，这，就是战士的爱！

这个开头简洁明快，使听众很快了解了他要赞颂的是战士献给祖国、献给人民的爱；是战士燃烧在硝烟弥漫的战场上，倾洒在蜿蜒崎岖的边防线上的爱。

（4）提问式开头。

提问式开头是一上来便向听众提几个问题，造成悬念，请听众与演讲者一道思考。这样可以立即引起听众的注意，促使他们很快地把思想集中起来，一边迅速思考，一边留神听你把话讲下去。有一篇《扬起生命的风帆》的演讲稿，就是以这种方式开头的：

您到过长江之畔、东海之滨吗？在那儿，您会看到一叶叶满风的帆船，在风波中出没。此刻，您是否会想到：我们的生命就像那启航的船。当我们把生命的风帆拉向桅杆之顶的时候，每一个人都会严肃地问：风，从哪儿来？船，向何处去？

这段开场白中，形象的比喻、澎湃的激情、严肃的提问，使每一个人都要做瞬息的思考：是啊，扬起生命的风帆之后，应该选择哪一条最佳的航道呢？从而集中注意力听演讲者讲下去。

（5）幽默式开头。

以幽默的语言开始演讲，可以在听众心领神会的笑声中缩短与听众的距离，同时，演讲者也可以借此摆脱暂时性的怯场，强化自信心。约翰·罗克是美国著名的黑人律师，1862年初在马萨诸塞州反奴隶制协会年会上，发表了《要求解放黑人奴隶的演说》。他的开头简洁而又幽默：

女士们，先生们——我到这里来，与其说是发表讲话，还不如说是给这一场会增添一点颜色。

他所说的"颜色"是双关语，而演讲的目的是要解放黑奴。寓庄于谐的语言，赢得了听众的掌声和会心的笑声。

（6）名言式开头。

格言、警句、谚语和著名诗句等名言，一般都具有思想深邃和语言优美的特点，易于被群众接受。所以用它来作开场白，往往会收到良好的效果。例如，一位学生的演讲《生命之树常青》是这样开头的：

伟大的诗人歌德曾有这样一句著名的诗句：'生命之树常青'。是的，生命是阳光带来的，应该像阳光一样，不要浪费它，让它也去照耀人间。

2 演讲时的视线

在众人面前讲话，大家注视的目光往往会给演讲者带来很大的压力，切记不要回避大家的目光，更不要避开听众的视线来讲话，尤其是站在大众面前的瞬间，要做到这一点，一方面要在听众中找寻对于自己的演讲投以善意而专注的目光的人。另一方面，要把自己的视线投向对自己视线"点头"肯定的人，这些对于巩固信心有很好的帮助。

3 演讲时的表情

演讲的表情往往会给观众留下深刻的印象。首先要做到"不可垂头"。演讲时一旦"垂头"，你的视线就会与观众的视线错开，不但会给人一种缺少自信的感觉，也会让人产生一种"丧气"之感，很难引起观众的注意。其次是要"放低语速"，语速减缓，人的情绪也会随之稳定，面目表情也会轻松自然。

4 演讲时的声音

演讲的语言从口语表达角度来看，必须做到发音正确、清晰，语句流利，易懂，语调亲切、自然、动情。

演讲者要努力使自己的声音铿锵有力、富于变化，随着情感变化而变化，声音要具有传达力和穿透力，使在场的听众听明白、听真切。

语调是口语表达的重要手段，它能很好地辅助语言表情达意，语调的不同变化，可以表达出不同的情感，演讲者要准确掌握演讲的内容和情感。只有这样，才能绘声绘色，传情达意。

演讲中注意避免出现声音过高，大声喊叫；音节含糊，夹杂明显的气息声。

5 演讲时的语速

为了营造良好的气氛，演讲者要注意自己的语速。需要注意的是，演讲不能从头至尾始终保持相同语速来进行。

演讲需要勤于练习。卡耐基在他的《雄辩有术》一书中说："发展演说的第一个方法，也是最末的方法，而且是永不会失败的方法只有一个，就是第一要练习，第二仍是要练习，第三还是要练习。"要想克服演讲紧张、恐惧的心理，就必须多多实践，在实践活动中战胜自我。

7 即席发言

 实例一

2009年10月24日，长江大学15名大学生奋不顾身，搭起"人梯"营救2名落水少年的英雄事迹感天动地。下面是湖北教育专家在长江大学"10·24"大学生英雄集体先进事迹研讨会上的精彩发言：

"大学生群体英雄的光辉事迹，乃是我们民族传统的见义勇为美德"，"是传统美德转化为现代价值的一支颂歌"……

分析

这个即席发言围绕"生死观"这一话题展开，简洁而富有文采，表达了自己对英雄的敬佩之情，感情真挚而又深沉，韵味悠长，感召力较强，充分将语言的作用发挥出来。

 实例二

1954年，周恩来总理参加亚非会议，会议期间，有的国家从中挑拨离间，周恩来总理忍无可忍，在会议上发表即席讲话。他说："主席、各位代

表：中国代表团是来求团结的而不是来吵架的。我们共产党人从不讳言我们相信共产主义和认为社会主义制度是最好的。但是在这个会议上用不着来宣传个人的思想意识和各国的政治制度，虽然这种不同在我们之间显然是存在的。中国代表团是来求同而不是来立异的……"

周总理的即席讲话并未做什么精雕细刻，从场景切入，快速进入主题，引起听众的关注，展开自己的演讲。这段开场白直陈问题，毫不含糊；抓住问题的本质，明确发言的观点与态度。其态度与气势展现出总理不卑不亢而又坚定果断，外交大家的风范让人由衷地赞赏与敬佩。

一 即席发挥魅力

"一言而兴邦"，说话是一门艺术，而即席发言更是一门高超的语言表达艺术。它是人们工作和生活中的常事，是信息沟通、人际交往的渠道和桥梁。

古往今来，那些引经据典、激昂奔放或低回委婉、诙谐睿智或简洁明快的发言，足以让听众感受到说话者的人格魅力、素质修养与才情智慧。他们的即席发言具有神奇的感染力、鼓动性和说服力。

提高即席发言的能力，不仅在熟悉的人面前能侃侃而谈，而且在任何一种场合都能流利地表达自己的意图，表现自己的气质和风度，塑造良好的形象，让自己在高速发展变化的今天赢在会说话。

二 即席发言的原则

即席发言是一种在特定的情境下实现没有准备的临场说话的口语样式。一般事先没有做充分的材料和心理准备，现场发挥的成分较多。但即席发言不是随性而发，不是滔滔不绝、口若悬河，它要求发言人能够出口成章，表达一些有价值的观点并且听众能够接受，这就需要注意即席发言的基本原则。

1 话由旨遣，态度明确

主题是即席发言最重要、最关键的内容，是整个表达的基本依据。发言的每个层次、段落、语句，甚至于每个词汇都要在主题的统帅之下。因此，即席发言时要迅速寻找触媒，临场引发，及时提炼出有价值的观点，在有限的时间内表明自己的态度，褒贬分明，不要山高水远、白费口舌地啰唆一通。

2 话有条理，纲举目张

即席发言要特别注意话语的逻辑关系、内容层次。讲话能够做到浑然天成，需要注意其结构的整体布局，在边想边说的情况下梳理思路，设立逻辑线索，把握全局，考虑应该先说什么、再说什么、最后说什么？用什么方式说？话语质量直接影响到听众的情绪。换句话说，听众所表现出的情绪好坏正反映出你的说话方式恰当与否。

3 话贵情真，得体适度

在即席发言过程中，要让对方感受到情感的真实。"唯有最真实的生气或忧愁，才能激起人们的愤怒和忧郁"，否则，不偏不倚、不痛不痒地背诵一些冰冷的条条儿，玩弄一些抽象的概念，没有一丝人情味，那只是掠过空中的一种不明来历和去向的声响而已。但"滥情"会让人厌恶，显得虚伪轻浮，正所谓"过犹不及"。发言中不仅要认识坦白的必要，而且要清楚什么时候应该"坦白"。

三 即席发言的技巧

即席发言有一定的难度，在熟悉的场合、熟悉的人面前说话能做到游刃有余，一旦身处正规、陌生的环境，发言就如临大敌，要么怯场、再三推脱，要么面红耳赤、语无伦次，影响人际关系，使自己处于尴尬的境地。因此，掌握一些即席发言的技巧是非常必要的。

第一，发言前，学会倾听。在即席发言时是首先学会听，通过听，可以了解对方，可以搜集信息，认真地倾听更可以赢得尊重。做一个耐心的听者，是当众讲话艺术当中一个重要的条件，因为能静坐聆听别人意见的人会是一个富于思想、具有谦虚柔和性格的人。

第二，开场白，引发共鸣，引导主题。即席发言没有太多的时间做准备，说话者不可能对所讲的语句精雕细琢，当受到场景激发或被人邀请讲话时，不可能在开场白上占用太多的时间，只要能快速切入主题，引发听众兴趣即可。例如，在现场随意抓取讲话环境、听众、故事、别人表达过程中的某个话题、提问等方式作为开始，说第一句话。

第三，发言中，定主题，选材料，巧安排，递真情。即席发言的内容不必多，要在很短的时间里围绕中心，快速组材，并有条理地展开话题，清楚、准确地表达自己的思想与意见，用良好的表达方式加强与听众思想情感的交流。下面介绍几种方式以供参考。

1 提炼主题

（1）临场触发，着眼于临场的某个客观事物的特点与本质，由此进行主观任意联想，并将它发表于外。如："看到刚才某个场景，不禁使我想起了……"

（2）胚芽孕育。当置身于具体的场合时，常常受到气氛的影响，听到别人侃侃而谈，自己也想说上几句。此时，不妨从别人的表达过程中找到话题，孕育主题。发人之未发，言人之未言。

（3）角度更新。对同一个问题，从不同方面去理解，角度发生变化，表述自然也会别有一种风采。如反向立意的、不同反响的效果，"班门弄斧，人皆不以为然。可是如果班门巧弄斧，照样为人称道"。

2 精选材料

（1）摘取法。从相对完整独立的某一则材料中，选用一点或几点与主题相关的片语只言，引用被摘取内容的原文或取其原意，不妨采用"记得某某说过"、"曾在某某杂志上见过"等话语引出。

（2）生活截取法。如果你认为只有那些奇闻轶事才值得一谈，那你将会经常觉得无话可谈。其实，日常生活中充满了可以说的材料，只要关心身边的生活，就不难找到有趣的谈资。例如，你可以谈谈足球、篮球和其他运动；你可以谈谈事物、饮料和天气；你可以谈谈书籍、戏剧、电影、广播节目等。

3 表达情感

（1）定基调。即席发言，应该利用语言的变化技巧，如轻重、快慢、升降、停连等把基调确定好，引导听众良好的思维定向。一般来说，开始要做到缓、平、稳。如果开始过高，后面感情强烈处就难免声嘶力竭；开始过低，一些叙述性部分表达就会缺少力度，以后再高就显得不和谐。基调定准后，切忌平缓行进，而要张弛有度，前后照应。

（2）不掩饰、不回避，适度得体。表达者必须与听众一起喜怒哀乐，不掩饰，不回避，对真、善、美热情讴歌，对假、恶、丑无情鞭挞。真挚的情感溢于言表，使听众闻其声、知其言、见其心，达到感情上的融合，思想上的共鸣，认识上的一致，影响听众，也受听众的影响，达到感情的交流与平衡。当然也要注意到过犹不及，适度得体。

4 结束语言

如果不能精彩绝伦，就要礼多人不怪。发言结束时如果能有一段妙语作结，则能产生出人意料的效果。如果结尾部分干净利落，该收即收，收得响亮、痛快、有气势、激动人心，则将会使结束语非常精彩。如果这些都做不到，我们选择以礼作结，即用礼貌的语言结束自己的发言，这样的结束语也会赢得听众的赞许和认可。

一、检验自己的说话技巧

1. 见了陌生人或身处人多的场合，是否觉得紧张拘谨而无话可说？

2. 是否很难找到一个大家都感兴趣的谈话题材？
3. 是否常常无意中说了别人忌讳的话？
4. 是否发觉自己说话会使别人反感，却不知道如何是好？
5. 能否把你要谈的问题，用各种不同的方式与不同的人交谈？
6. 是否喜欢与别人发生争执？
7. 与年长者交流时，能否做到谦恭有礼，给以适当的尊敬？
8. 能否根据别人的态度，来调整自己的态度？
9. 自己的谈话，是否东一句西一句没有条理，言之无物，内容空洞？
10. 交流时，是否常用一些不文雅的粗话？

回答以上问题，首先弄清楚自己与人交流时究竟在哪些方面存在不足；然后在有困难的问题上做标记，看看问题是多还是少并试着结合自己所学到的说话技巧加以改善。

二、选题练习确立主题和材料

从下面几个话题中任选一题，将你所考虑的主题和准备的事实材料分别画在横线上。

话题：1. 地球生态环境已亮"红灯"
　　　2. 望子成龙的家长，请放下手中的大棒
　　　3. 谣言止于智者
　　　4. 王婆卖瓜，自卖自夸
　　　5. 近朱者赤，近墨者黑

主题：_____
_____

事实材料：

A. _____
_____

B. _____
_____

C. _____
_____

三、请续写下面这段文字

两年前，小军还是个数学考试常不及格的同学，这次他竟然参加了全校的数学竞赛，而且取得了第三名。回想起来，他的成绩可真来之不易啊。_____
_____

四、阅读下段文字，选择正确结论。

一个人的脑子，容量总是有限的。这方面想得多了，那方面就想得少了。脑子里过多地想着一段佳肴、一件漂亮衣服、一款时尚手机、一块名牌表之类（我说的是过多，并非根本要不得），_____。

A．那么，追求物质和贪图安逸的生活就会腐蚀你的灵魂。

B．那么，工作就会被贪图安逸生活的观念所累，就不能有更多的精力去考虑工作的问题。

五、填空题

1．说话写文章，首先要看对象，不能对牛弹琴。要充分考虑对象的特征，诸如性别、年龄、职业、身份、文化程度、性格、气质、爱好甚至禁忌等。同一个意思，对不同的人就应有不同的说法，例如：祝贺生日，就要考虑对象的年龄差异，对少年儿童，可祝他_____；对青年人，则可祝他_____；对老年人，就要祝他_____。

2．一些传统的而现在仍在使用的文明习惯语是：初次见面时说：_____；好久未见时说：_____；请人帮忙时说：_____；求人原谅时说：_____；询问老年人年龄时说：_____；询问同龄人年龄时说：_____；询问小朋友的年龄时说：_____。

3．说话还要有所禁忌，比如对失意的人不说得意的话；对有缺陷的人不说_____；对长辈说话时忌_____；在人家办喜事时，不说_____的话；对方低落时就应_____；对方彬彬有礼，对他说话要_____；对方蛮不讲理，就应_____。

六、即席发言训练题

1．社会是没有围墙的大学
2．偏见比无知离真理更远
3．女人不是"弱者"的代名词
4．口才是现代社会人人必备之才
5．被邀请参加座谈会时如何即席发言
6．作为校友在学校庆典上如何讲话
7．作为主人在欢迎和欢送会上如何讲话

8 礼仪和礼貌用语

我们通常所说的"中华民族是礼仪之邦"、"礼多人不怪"，这里的"礼"指的是一种形式，一种与人交往的礼节形式。这种形式的实质，就是尊重别人，也就是尊重了自己。口语交际的礼仪，就是我们在口语交际中，以尊重自己、尊重别人为基本原则，以礼貌、文明的语言，真诚、恭谨的情态，端庄、得体的外表，来完整、准确地表达我

们的思维。

一 口语交际中的礼仪

1 说话有分寸

俗话说："良言一句三冬暖"、"话不投机半句多"。口语交际中，有时一句话就能使人愉悦，有时一句话也能使人懊恼。这就要求我们在口语交际中必须掌握分寸。

把握好的说话的分寸，要掌握说的时机，不能口无遮拦。说话到位，就是要恰到好处，掌握说话的分寸。这些就要求我们在口语表达中应该注意，尽量不要谈及自己或者他人的健康状况，不要涉及有争议性的话题，如宗教、政治、党派等等，以免引起双方抬杠或对立僵持；不要老是谈及金钱、地位，否则会令人觉得庸俗；不要和对方提起所遭受的伤害，若是其主动提起，则应表现出同情并听其诉说，但不要为了满足自己的好奇心而追问不休。与刚刚遭受到不幸的人谈话，最好的做法是让对方尽力抒发。但如果不幸的主角是你自己，则在谈论公事时，应尽量不要插入关于自己的不幸事件的话题。不要提起一些老生常谈或过时的话题。在大庭广众之下不说低级笑话，因为这会让人感觉说话人没有品位。

掌握说话的分寸必须注意说话的场合。不看场合，随心所欲，信口开河，想到什么说什么，这是不会说话的一种表现。人总是在一定的时间、一定的地点、一定的条件下生活的。在不同的场合，面对着不同的人、不同的事、从不同的目的出发，就应该说不同的话、用不同的方式说话，这样才能收到理想的言谈效果。

掌握说话的分寸需要注意一些基本技巧：说话要注意深浅，把握好深与浅的分寸；说话要注意轻重，响鼓不用重槌敲；说话要注意曲直，醉翁之意不在酒；说话要注意明晦，劝君莫做独醒人；说话要注意褒贬得体，实事求是。必要时，要学会沉默，此时无声胜有声。

掌握说话分寸的技巧还应当机敏，注意随机应变。机敏是机智、敏捷，体现的是人们对问题的感受能力以及由此产生的变通能力。这就要求我们必须善于发现问题，思考相应的对策；而且还要随着谈话内容的变化不断调整应变策略。此外，沉着冷静是掌握说话分寸的前提。

2 恰当地称呼他人

人际交流的第一项就是称呼他人，每个人都希望得到他人的尊重，称呼他人的职位、职称、名誉头衔等。恰当地称呼他人，就是对他人的尊重。如×××既是主任，又承担着某一课程的教学任务，就应该称其为"××主任"；获得教师职称的老师，我们就要称呼他为"××教授"、"××专家"。直接称呼其名仅仅适用于关系密切的人之间，若与有头衔的人关系非同一般,直接称呼其名来得更亲切；但若是在公众和社交场合，还是称呼他的头衔会更得体。当一个人同时具有行政和业务两方面的称谓时，则应该就高不就低。

3 入乡问俗，尊重对方

入乡问俗，入国问禁。例如，一般情况下也许会习惯性地问："您是潮汕人，还是客家人？"这就表现出对当地人的尊重。常言道："十里不同风，百里不同俗"。民族有民族的差异，行业有行业的不同，站在不同的角度来表达，结果就可能大不一样。例如，从事外事工作的人有一个特点：说话时习惯使用模糊的语言，不轻易表态，如果你问他们："这场球赛谁会赢？"他们不会告诉你谁会赢或者谁会输，而是告诉你双方都有胜的可能。语言既有民族性，也有职业性，尊重差异，才会使我们的语言交际更加准确得体。

4 正确称呼，避免模糊

口语交际中，正确地称呼他人极为重要，称呼不妥当，则很容易让他人立刻产生反感，甚至怨恨在心，久久无法释怀。正确的称呼要做到以下要求：一是要合乎常规；二是要照顾被称呼者的个人习惯；三是要入乡随俗。在日常生活中，称呼应该亲切、自然、准确、合理，不可随意为之。

在工作中，人们彼此之间的称呼是有其特殊性的。总的要素是庄重、正式、规范。以交往的对象的职务相称，以示身份有别，敬意有加，这是一种最常见的称呼方法。对于重要人物，最好加上他人的头衔，如校长、大使、参议员、教授等，以示尊重。

在政务交往中，常见的称呼除"先生"、"小姐"、"女士"外，还有两种方法，一是称其职务，二是对地位较高者称"阁下"。

5 恰当赞美，引发好感

在人际交往中适当地赞美别人，有助于发扬被赞美者的美德和推动彼此友谊健康发展，还可以消除人际间的龃龉和怨恨。开口前，我们一定要注意因人而异，情真意切。

赞美要因人而异，突出个性。人的素质有高低之分，年龄有长幼之别，老年人总是希望别人不忘记他当年的业绩与雄风，因而同其交谈时，可以多称赞他引为自豪的过去；对年轻人，不妨语气稍微夸张的赞扬他的创造才能和开拓精神，并举出几点实例证明他确实能够前程似锦；对于经商的人，可以称赞他头脑灵活，生财有道；对于有地位的干部，可以称赞他为国为民，廉洁清正；对于知识分子，可以称赞他知识渊博，宁静淡泊。当然，这一切都要依据事实，切不可浮夸。

赞美必须发自真诚的内在，并且有事实为根据，才能感动人。否则，很容易流于肤浅，变成阿谀谄媚，这样不仅会让对方感到莫名其妙，更会觉得你油嘴滑舌，诡诈虚伪，效果适得其反。

在职业交往中，除了要遵守上面那一些社交礼仪，还要掌握不同岗位的交际特点，

例如，服务行业便强调尊重顾客，为对方着想，真诚善待对方。一家宾馆的前台接待，由于注意了口语交际中的礼仪和礼貌用语，使客人感到被尊重、被重视，因而产生了宾至如归的感觉。前台接待还多次从客人的角度，为客人提出建议，拉近了和客人的距离，彼此间形成了一种信任关系，因此业务往来就在愉快的气氛中顺利进行。

二 口语交际中的礼貌用语

说话礼貌的关键在于尊重对方和自我谦让，要做到说话有礼貌，还要掌握一些礼貌用语。

1 使用敬语、谦语、雅语

（1）敬语。

敬语是表示尊敬的礼貌用语，除了礼貌上的必须之外，多使用敬语，还可以体现一个人的文化修养。

敬语的运用场合，一是比较正规的社交场合；二是与师长或者身份、地位较高的人交流沟通时；三是与人初次相识，打交道或者会见不太熟悉的人；四是公务场合。

常用敬语：我们日常使用的"请"字，第二人称中的"您"字，代词"阁下"、"尊夫人"、"贵方"等。另外，还有一些常用的词语，如初次见面称"久仰"；很久不见称"久违"；请人批评称"请教"；请人原谅称"包涵"；麻烦别人称"打扰"；托人办事称"拜托"；面对老人称"高寿"；小姐年龄用"芳龄"；他人来信称"惠书"等。

（2）谦语。

谦语是表示谦恭和自谦的词语。最常见的谦语使用方法，是在别人面前谦称自己和自己的亲属。例如，称自己和家人为"愚"、"家父"、"家兄"等。自谦和敬人，是一个不可分割的统一体，尽管日常生活中谦语使用不多，但其精神无处不在。只要你在日常用语中表现出谦虚和恳切，自然会得到人们的尊重。

（3）雅语。

雅语与俗语相对应，指交际中使用的比较文雅的词语。雅语常常在一些正规的场合以及一些有长辈和女性在场的情况下，使用用来替代那些比较随便甚至粗俗的话语。多使用雅语，能体现出一个人的文化素养以及尊重他人的个人素质。我们常常听到两位初次见面的人这样开始交谈：

"您贵姓？"，"免贵姓王"；"您今年高寿？"，"虚度六十有五"。

上面"贵姓"、"高寿"是雅语，雅语的使用不是机械的固定的。只要言谈举止彬彬有礼，人们会对说话人的修养留下深刻的印象；只要大家注意使用雅语，必然会形成文明、高雅的交际环境。

2 社交口语的礼貌用语

（1）见面语和问候语：

如"您好"、"早上好"、"下午好"、"晚上好"等。表示初次见面的愉悦和谦逊，常用"很高兴认识您"、"请多指教"、"请多关照"等。与外国人见面问候并打招呼时，最好使用国际上比较通用的问候语。例如，英语中应当用"how do you do?"等。

（2）请托语和感谢语：

如"劳驾"、"借光"、"拜托"、"麻烦您"等；在日本，人们常用"请多多关照"、"拜托您了"。英语国家一般多用"excuse me (对不起)"。

别人给予了我们帮助，就要用"谢谢"、"劳驾了"、"让您费心了"、"实在过意不去"、"给您添麻烦了"等表达谢意。

（3）向他人致歉语：

如"对不起"、"很抱歉"等。

（4）接受致谢和致歉语：

他人对我们给予的帮助表达谢意，或者因为某些事情向我们致歉，我们通常要用"别客气"、"不用谢"、"没关系"、"请不要放在心上"等来回应。

（5）征询语：

如"有事需要帮助吗？"、"我能为你做些什么？"、"不介意的话，我可以看一下吗？"等。

（6）赞美语：

如"好"、"太棒了"、"真漂亮"等。面对他人的赞美，也应该做出积极、恰当的反应。例如："谢谢您的美意"、"您过奖了"、"您也不错吗!"等。

（7）告别语：

如"再见"、"欢迎再来"、"祝您一路顺风"等。

第三单元

应用文写作

1 应用文写作

一 应用文的特点和种类

应用文是国家机关、企事业单位、社会团体及个人在处理事务，传递信息，解决问题，实行管理时使用的，具有特定格式的文体；是一切社会组织和个人进行社会活动和处理个人事务必不可少的工具。

1 应用文的主要特点

（1）实用性。应用文与常用文体写作的最大区别，就在于它有明确的实用性。应用文写作的目的是为了应用，为了解决实际问题。

（2）真实性。文学写作可以虚构，可以进行艺术加工，所写的人与事，不可能与生活中的原型一模一样，而是更富有典型性、更具有概括力，这样才能反映生活本质。但应用文就不能这样，应用文中所涉及的人与事必须绝对真实，包括情节、数字、细节，绝不允许有半点虚构和夸张，否则，就不能达到解决现实生活和工作中实际问题的目的，还会给生活和工作造成很大损失。

（3）实效性。文学作品一般不讲究实效性，作者可以精雕细刻。应用文的实用性决定了它的实效性，必须讲究时间和效益。例如，会议通知，要求一定要在开会之前发出，若会议开过之后再写通知，就失去其效用了。

（4）规范性。文学作品讲究独创性，力图摆脱模式的束缚，以适应不同读者的审美需要。应用文为了达到实用目的，要求按照一定的规范去写作，这样，作者写起来简便快捷，读者看起来一目了然，便于迅速作出判断和反应。可见，规范性是实用性在形式上的体现。

2 应用文的种类

随着社会的发展，其分类越来越细，主要有如下七大类。

（1）行政应用文，如命令、决定、公告、通告、通知、通报、报告、请示、批复、意见、函等。

（2）宣传应用文，如消息、通讯、广播稿、解说词和演讲稿等。

（3）事务应用文，如工作计划、总结、简报、调查报告、规章制度等。

（4）交际礼仪应用文，如欢迎词、欢送词、演讲稿、闭幕词、悼词等。

（5）职场应用文，如求职信、推荐信、简历等。

（6）商务应用文（涉外应用文），如劳动合同、经济合同、商务信函、意向书、投标书、市场预测方案、市场决策方案、涉外函电、备忘录、涉外经济合同、涉外商情调查报告等。

（7）司法类应用文，如起诉状、申诉状、上诉状、劳动仲裁等。

二 应用文写作的要求和方法

（1）以理论为指导。应用文写作的理论对应用文写作实践具有直接的、具体的指导作用。掌握应用文写作理论，能够正确认识各类应用文的特点和方法，能够帮助人们进行写作实践。

（2）以例文为借鉴。应用文写作需要经过模仿、熟悉、写作自如三个阶段。模仿例文是写作的第一步；熟悉应用文的写作格式、领悟各类应用文的写作思路是第二步；反复练习，最终达到写作自如是第三步。

（3）以训练为中心。将应用文写作知识转化为写作能力，需要有目的、有计划地进行写作训练，对于掌握基本写作方法是十分有效的。

三 应用文体的语言特点及常用表达方式

1 规范化的书面语言

简洁、准确、通俗、规范是应用文写作语言的一个特点，不同于文学写作，它追求的是规范中表现出严谨、避免歧义或误解；保持应用文的功效主要是语义明确，不宜使用口语，也不适宜运用文学语言。

首先是开头用语："根据……现……如下"、"关于……"、"根据……的原则，特制定本办法如下……"

其次是过渡用语：用"以上观点"、"由此可见"、"为此"来连贯衔接。

再次是结束语：公务性应用文须注明"特此通告"、"特此通知"、"为盼"等，以示慎重。

2 应用文的行文格式

应用文的行文格式包括标题、正文、结尾三部分。
标题：多为开门见山式，简要写明问题及文体。
正文：先说明问题，然后提出解决问题的方法。
结尾：总结归纳意见、观点，提出希望。

3 修改定稿

修改定稿，这是对草稿进行加工、整理、提高的工作，也是明确观点，进行推敲的过程。

请 假 条

张经理：

　　您好！

　　昨天下午，班级团支部通知我今天上午8点到××敬老院参加义务劳动，因此不能参加公司组织的郊游活动。现请我母亲将请假条呈送给您，望批准为盼。

　　此致

敬礼

请假人：林×
×年×月×日

留 言 条

林×同学：

　　我今天到你家，约你星期天上午8点参加班级团支部组织的到××敬老院义务劳动的活动。明天上午7:30在家等我，到时我们一起去。

王×
×年×月×日

托人办事条

赵兄：

　　请代购《素质教育与学生作文》拾本，尽快寄回，谢谢！

李××
×年×月×日

便条——是人们在日常生活中使用的一种条据式应用文。是一种用于临时性事务的最简便的书信，具有告知、委托、留言等作用。

日常工作、生活中，有些必要的事情需要向对方说明、介绍或请对方代为办理，有时无法当面讲但又必须告知的，或者出于手续上的需要，要留作依据的，都要用到便条这种形式。

一 便条的种类

常用的便条有请假条、留言条、托人办事条等。

二 便条与书信的区别

（1）便条一般托人代转或留在对方可以看见的地方。便条是不经过邮局邮递的一种书信。

（2）便条不用邮递，也就不用信封；有时为了方便用信封装起来，也是不必密封的。

（3）便条的内容一般较短，而且是就某一件事情而发文；而书信则一般较长，而且可以说到许多事情。

三 便条的写作格式及写作方法

便条的写作格式与一般书信大致一样，通常由标题、称谓、问候语、正文、祝语、落款六部分组成。

标题：便条的标题是可有可无的。一般人们只在写请假条、留言条时使用标题，即在正文上方中间写上"请假条"或"留言条"等字样。

称谓：称谓要求在标题下顶格写上收条人的称呼或姓名，后加冒号。如"×××老师："，以示尊重。

问候语：第三行空两格写问候语。加上感叹号表示对对方的尊重和礼貌，如"您好！"、"你好！"。

正文：从问候语下一行空两格处写起。正文内容要求将所要表达的意思、需要对方办理的事情全部写出来。内容写完后，可视具体情况写下"谢谢"、"敬礼"、"特此拜托"等礼貌性的话语，也可不写。

祝语：在正文之后另起一行，空两格写祝语。如"此致、敬礼"，请假条可以不写"此致、敬礼"而写"特此请假"。给相熟者的便条，也可省略该项内容。

落款：便条的落款包括署名和日期两项。署名写在正文右下方，署名的方式视写给的对象而定。在署名的下方还要写明具体的成文日期。

四 便条的写作要求

1 请假条

递交请假条是请假的正式手续，请假条应该提前送达，如果时间紧急，也可事后补送。

2 留言条

留言条要放在对方容易发现的地方。要写明来访目的、未遇心情及希望与要求。也可不用标题。

3 托人办事条

托人办事的留言条一定要注意礼貌用语，要体现出对办事人的尊敬。可不用标题。

五 便条写作注意事项

（1）便条要将所说的事写清楚，使他人一看便知。

（2）便条要言语简洁、篇幅短小，以写某一件事为主，切忌长篇大论。

（3）便条是人们在日常生活、工作、学习中加强联系、交流信息的一种方式，但不能凭借权势到处写条子。

写作训练

李主任外出开会，办公室的张×接到了人事处张处长的来电，请李主任明天下午2点接待洪发设备厂的技术人员。请你代李主任写一张电话留言条。

3 单　据

借　条

今借到学校财务科人民币伍仟圆整，作为差旅费，日后按规定报销，多退少补。

此据

借款人：×××（签章）

×年×月×日

欠　条

原借学校财务科人民币伍仟元整，已还肆仟陆佰柒拾贰圆整，尚欠叁佰贰拾捌圆整，一周内还清。

此据

经手人：×××（签章）

×年×月×日

领　条

今从总务科领到扫帚肆把、毛巾壹条。

××职业技术学校

10机电一体化1班

经手人：×××（签章）

×年×月×日

收　条

今收到机械工程系模具专业1班付亮同学归还班级劳动时所借工具：铁锹拾把、扫帚伍把。

经手人：总务处 ×××（签章）

×年×月×日

写法指导

借到、收到、领到钱或物品时，往往要写张条据给对方作凭证，以便对方作为收入、支出、报销、保存的根据，这种作为凭证用的条子叫单据。

常用单据有借条、收条、领条、欠条等。

借条是个人或单位借用个人或公家的现金、财物时所写的凭证，借据也称借条。所借钱物的数量用汉字大写数字。

收条是收到别人或单位送到的钱物时写给对方的一种凭据性的应用文。收条也称作收据。"代收到"不能写成"代收条"。

领条是领取钱物的单位或个人在领到钱物后，向发放钱物的个人或单位所写的一种凭据性的应用文样式。领条在领取钱物时经常使用，发放人据此报销账目，而领取者据此表示已如数领取，注意保存。

欠条是个人或单位在欠款、欠物时写给有关单位或个人的凭证性应用文。欠条今天也有人称作"白条"。特征是原来借的钱或物品，到期不能全部还清，差额部分要在新商定的期限内还清。

一 单据的写作方法及写作格式

借条、收条、领条、欠条一般都由标题、正文、落款三部分组成。

1 借条

（1）标题。借据的标题可以由两种方式构成：其一，直接由文种名构成。即在正文上方中间写上"借条"或"借据"字样。其二，在第一行空两格后写上"今借到"作为标题，这是一种省去标题的借条写法。例：

今借到刘××同学的《辞海》(上册)壹本，一月后送还。

此据

借书人：××(签章)

×年×月×日

（2）正文。首先，从哪里得到了什么东西，数量多少。要写出所借的钱物的数目及物品的品种、型号、式样、规格等。借出方也需写清楚，从单位借出的钱物要写上所为何用。其次，写明归还的具体日期或大致时间，有较为复杂的情况，则要写明具体归还的方法。

（3）落款。要写上写借条者的单位名称和经手人姓名或借方个人的姓名。必要时需加盖公(私)章，以示负责。单位、个人名称前一般写上"立据人"或"借款人"字样。在署名上还要写上借钱物的具体时间。年月日要写完整，不要只写月日。

2 收条

（1）标题。写在正文上方中间位置。标题的写法有两种：一种是直接由文种名构成，即写上"收条"或"收据"字样；另一种是在第一行空两格后写上"今收到"作标题。

（2）正文。一般是在第二行空两格处开始写，正文一般要写明收到的钱物的数量、物品的种类、规格等情况。

（3）落款。一般要求写上收钱物的个人姓名或单位、名称（加盖公章），一般还要是某人经手的一般要在姓名前署上"经手人："的字样；是代别人收的，则要在姓名前加上"代收人："字样。最后署上收到的具体日期。

3 领条

（1）标题。领条的标题写在正文正上方。标题一般有两种方式：一种是直接由文种名组成，即写上"领条"字样；另一种是在第一行空两格后写上"今领到"作标题。

（2）正文。正文一般从标题下一行空两格处写起。正文的内容主要写明下列内容：从哪里领取，领取的东西都有什么，其数目有多少。

（3）落款。落款要在正文右下方写上单位名称、经手人姓名。个人领取的则写上个人的姓名。姓名下署上日期。落款处一般需加盖公章或私章。

4 欠条

（1）标题。欠条的标题一般由文种名构成，即在正文上方中间以较大字体写上"欠条"两字。

（2）正文。欠条的正文要写清欠什么人或什么单位什么东西、数量多少，并要注明偿还的日期。

（3）落款。落款要署上欠方单位名称和经手人的亲笔签名，是个人出具的欠条则需署上欠方个人的姓名。并同时署上欠条的日期。单位的要加盖公章，个人的要加盖私章。

二 单据写作注意事项

（1）单据名称要使用全称，不能为了方便而用简称。

（2）欠条务必要字迹清晰，不可涂改。若不得不改动的，则需由改动方在改动处加盖公章(私章)或个人签名。

（3）钱款、物品的数字应使用汉字大写（壹、贰、叁、肆、伍、陆、柒、捌、玖、拾、佰、仟），如果每行首尾有数字出现时，数字前面不能留有空白，后面写上数目的单位名称，如"陆佰圆整"，以免被别人增添。

（4）在写收条时，务必清点好所收到的物品、钱款的具体数额，做到准确无误、不出差错。

（5）为了便于保存，单据书写一律不能使用铅笔、圆珠笔、红笔，也不能用彩色笔，应使用黑色或蓝色钢笔或签字笔。

（6）写单据时，注意不要使用多音字、多义字，这样可能会引起误会或纠纷。如"还欠款人民币壹万圆整"，既可以理解为"已经还欠款人民币壹万圆整，也可以理解为"仍欠款人民币壹万圆整"。

1．王×从学校图书馆借到了2010年1～12期《读者》合订本一册，准备在一个月内归还，请写一张借条。

2．林××在十天前向好友张莉借了500元钱，当时没有出具欠条，现要补一张欠条，并说明半年内归还。

3．李×是某外贸公司会计，某丝织厂财务室送来面料加工承包款押金20000元，请为其出具一张收条。

4．赵××是某职校团委组织部部长，2010年3月，2010级数控专业三班团支部书记购买团徽30枚，每枚团徽收费0.5元，请为其出具团委的收款收据。

收 款 收 据

NO 0008567

客户名称：				年 月 日							
品名或规格	单位	数量	单价	金　额							备注
				万	千	百	十	元	角	分	
合计人民币				万仟佰拾元角分￥ _____							

填票：　　收款人：　　　　收款单位（盖章）

4 通　知

关于召开2011年度安全生产工作会议的通知

各分公司：

为贯彻市政府安全工作会议精神，研究落实我公司安全生产工作的有关事宜，兹决定召开2011年度安全生产工作会议。现将有关事项通知如下：

一、会议议题：

1. 各分公司相互交流安全生产经验。

2. 总公司部署安全生产工作任务。

二、与会人员：各分公司主要负责人、安全科科长。

三、会议时间：2011年3月3日8:00～16:00，会期1天。

四、会议地点：总公司办公楼301室。

五、会议要求：

1. 请与会人员安排好工作，准时到会。

2. 各分公司将安全生产经验材料打印30份，于2月28日前报总公司办公室。

新环制造公司总经理办公室
×年×月×日

通知是行政机关用于批转下级机关的公文，转发上级机关和不相隶属机关的公文，传达要求下级机关办理和需要有关单位周知或共同执行的事项，以及任免人员的机关应用文。

一 通知的特点

由于通知有传达上级指示、布置工作、任免干部的作用，以及联系工作的功用，所以，通知既属于下行文有时又属于平行文。时效性、周知性构成了它的主要特点。

（1）适用范围广。通知上可涉及国家和政府工作；下可涉及社会生活的各个方面。

（2）使用频率高。通知是现行公文种类中使用频率最高的文种，占各级行政机关发文总量的半数以上，这是由于它的适用范围广而带来的必然结果。

（3）实效要求强。通知的事项要求在一定时间内应知或照办，不得拖延。布置的工作若时间要求较强，一定要在开展此项工作前的一定时间内通知到下级机关，以便有一段准备时间。

二 通知的分类

（1）指示性通知。指示性通知，又称规定性或布置性通知，上级机关向下级机关就某项具体工作作出指示、要求，这类通知必须强制执行。例如：《长春市政府办公厅关于做好流行性出血热预防控制工作的通知》。

（2）批转性通知。批转性通知，是上级机关以批转的方式向下级机关发布指示的通知。例如：《关于发布实施〈旅游发展规划管理暂行办法〉的通知》。

（3）周知性通知。周知性通知，是上级机关对下级机关宣布事项的通知，这是机关日常工作经常遇到的一种应用文。比如迁移办公地点、启事、调整办公时间等。要求以通知的形式传达给大家，诸如开会通知、放假通知、缴费通知等。

（4）会议通知。会议通知，是召开会议的通知。其内容应该具体，包括时间、地点、人员范围、会议主题等，多用于上级对下级机关或平级机关。

（5）任免通知。任免通知，用于人事任免，通知有关单位，使其周知。

三 通知的写作方法

1 标题

通知的标题大多是由发文机关、事由、文种组成的完全式标题；也可仅用事由和文种组成标题。另外，根据需要，在文种"通知"前，可加程度副词"紧急"、"重要"等；发布、批转、转发性通知，应在标题中表明其性质。

2 通知对象（主送机关）

顶格写主送机关，要写全称或规范性简称。通知的对象和事项要具体明确，不能遗漏，以免耽误工作安排。例：县（区）教育局、直属单位。

3 正文

正文一般由通知原因、通知事项、通知结语三部分组成。

（1）通知原因。常采用"据……"、"经……"、"由于……"等语句。然后"特通知如下……"等惯用语引起下文。

（2）通知事项。如单一通知，可一气呵成；如事项较多可采用分条列项的办法。

（3）通知结语。通知结语是正文结尾部分，也是提出希望和要求的用语。惯用结尾有"特此通知"、"本通知自发布之日起执行"。

指示性通知的正文由通知的原因或目的、通知的事项和执行要求三部分组成，执行要求即指"以上通知，望认真执行"惯用语。

批转性通知的正文，由通知的缘由，对批转、转发文件的评价以及执行要求等部分构成。

周知性通知由通知的缘由、告知事项和结尾三部分构成。结尾常以"特此通知"作结，无执行要求。

4 发文机关和日期

通知的落款处写明发文机关名称和发文时间，加盖公章。

四 通知的写作要求及注意事项

（1）内容要具体、集中。交代要详细，语言切忌含糊不清。时间、地点、具体事项和执行要求要交代清楚，特别是会议通知更要注意时间、地点、会议主题等要素。

（2）重点突出、针对性强。通知要使受文者能够正确领会，从而认真遵照执行。

（3）语言平实、避免修饰。通知中叙述语最常用。如果修饰语过多会影响语义的理解，特别是原因要清晰准确，这样下发的目的才会明确。

1. 学校将于近日开展一次班际拔河比赛，请你按照一般性通知的有关要求，拟一则拔河比赛通知。

2. 校学生会在开学初，将组织一次全校班长会议，重点对学校各项规章制度进行培训，请你拟一则会议通知。

5 计 划

学生会生活部工作计划

生活部是学生会的重要部门，日常工作内容主要有两大方面：卫生检查和各项活动的后勤保障工作。

一、卫生检查工作

（1）生活部各成员分工明确，职责明确，相互配合。

（2）工作中努力做到细心到位，及时反馈，注重效率。

（3）进一步完善生活部考核机制。定期公布考核结果，并作为优秀学生干部评选的重要依据。

二、各项活动的后勤保障工作

做好各项活动的后勤保障是生活部工作的重点。生活部成员要以十足的热情投入其中，成为活动的组织者与参与者之一，为学校学生管理工作做出贡献。本学期生活部将协助有关部门开展好以下工作：

（1）迎新晚会；

（2）学校排球赛；

（3）新生军训；

（4）新生篮球赛；

（5）"一二·九"演讲比赛。

本学期，除做好常规工作外，还要配合学校有关部门做好新生接待工作。生活部全体成员在学生会领导和老师的指导和帮助下，一定努力把工作做得更好。

××职业技术学校学生会生活部
×年×月×日

计划是党政机关、企事业单位、社会团体及个人为在未来一段时间的工作、学习、活动、完成生产目标而作出预想和安排的一种事务性文书，主要是制订措施、办法。计划是一个统称，制订计划时，必须提出具体实施方案和步骤。

要想避免工作的盲目性，必须先有计划、后有总结。计划能够建立起正常的工作秩序，明确目标，是领导指导、检查，群众监督、考核工作成绩的依据。计划也是一段时间过后本单位总结工作时的基本标准，计划完成或超额完成，说明工作成绩是突出的；相反没有完成工作计划，则说明工作存在严重问题。

一 计划的特点

（1）预见性。预见性，是计划最明显的特点之一。计划是事先行文，不是对已经形成的事实和状况的描述，而是在行动之前对行动的任务、目标、方法、措施所作出的预见性确认。但这种预想不是盲目的、空想的，而是以上级部门的规定和指示为指导，以本单位的实际条件为基础，以过去的成绩和问题为依据，对今后的发展趋势作出科学预测之后作出的。可以说，预见是否准确，决定了计划写作的成败。

（2）指导性。计划的制订是为未来工作和需要完成的目标服务的，对未来工作具有指导性作用，只有科学地制订计划才能有效实施，最终达到预期的目标。同时，制订计划要从实际出发。

（3）可行性。计划的实施步骤必须实事求是，符合操作程序，这样的计划才有可行性。

（4）约束性。计划一经通过、批准或认定，在其所指向的范围内就具有了约束作用和权威性，在这一范围内无论是集体还是个人都必须按计划的内容开展工作和活动，不得违背和拖延。

二 计划的分类

按照内容性质的不同，计划可分为学习计划、工作计划、生产计划等。

按照时间的长短不同，计划可分为长期计划、中期计划、短期计划三类。具体还有十年规划、五年规划、年度规划、季度计划、月份计划等。

按照涉及面大小的不同，计划可分为综合性计划、专题性计划。

按照范围宽窄不同，计划可分为国家计划、行业计划、单位计划、个人计划等。

总之，长远的计划是规划，具体的计划是安排；全面的计划是方案，概括性的计划是要点；细致性的计划才是计划，如果没有形成具体的计划那就叫设想。

三 计划的写作方法

计划一般包括标题、正文、落款三个部分。

1 标题

制定人（单位名称）+时限+文种构成。如：《××学院2008—2009年度第一学期教学工作计划》。

文种名称的变化。由于每一份计划所强调的重心各有侧重，其指挥性、约束性的强弱程度也有较大不同，计划不一定都用本名做标题，可以根据自身的特点和需要变换名称，如：《××学院党委宣传部2008年工作要点》。

2 正文

正文包括制订计划的缘由、计划的主体内容、计划的具体实施步骤。

原由是计划的开头部分，简明扼要表达出制订计划的背景、根据、目的、意义、指导思想等，以精练简洁为原则。

如："根据学院2009年工作会议精神和会议上具体部署意见，结合我系工作实际情况，制订工作计划如下："

主体是中心部分。要写清楚做什么、怎样做、基本步骤以及达到的目标。

结尾可以用来提出希望、发出号召、展望前景、明确执行要求等；也可以在条款之后结束全文，不写专门的结尾部分。

3 落款

落款包括署名和时间。如果标题中已写出制订计划的单位名称，可不用署名；如果是个人计划，则应署名并写上制定日期；如果是单位工作计划，要署名单位名称和制订计划的具体时间；如果以文件的形式下发，还要加盖公章。

四 计划的写作要求

（1）可行性。计划撰写之前要充分调查研究，分析主客观条件，找出实现计划最佳方案，要给自己留余地，达不到的目标就不要写进计划。

（2）从实际出发。对计划进展要符合实际，明确目的、任务、步骤，不要主观想当然。

（3）重点突出。无论是学习计划还是工作计划都要为主要目标服务，应该突出主题。

（4）内容具体明确。计划的目标、措施、方法、步骤都要表述清楚，这样既便于执行又便于检查。

1. 根据自己的实际情况，拟写一份学习计划或课外读书计划。要求目标明确、措施具体、符合实际。

2. 请结合学校专业课程的学习，拟写一份切实可行的专业实习计划。

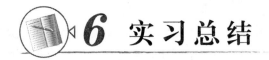

6 实习总结

长春职业技术学校数控专业学生顶岗实习总结

×年×月×日～××年×月×日期间，我校数控专业120名学生在某汽车制造有限公司顶岗实习，同学们按照实习教学要求，圆满地完成了实习任务。在跟踪管理过程中，也发现了一些值得认真研究并解决的问题，现总结如下：

一、顶岗实习使学生得到锻炼，增长了才干

（1）工作责任感、组织纪律观念明显增强。实习前，学生迟到、早退、请假现象比较普遍；实习中，通过严肃组织纪律，杜绝了此类现象。通过实习，同学们体验到生产工序在具体岗位中的重要作用，表现在安全生产，工具、量具的正确使用以及设备维护保养等方面，这是实习中最大的收获。

（2）必要的专业技能明显提高。半年的实习，学生不但熟悉了数控设备的操作程序和步骤，而且对于零件的生产加工过程有了深入了解，能够根据图纸要求熟练进行独立操作，专业技能明显提高，为学生职业发展奠定了良好的基础。

二、顶岗实习反映出学生存在的问题并折射出教育教学的不足

（1）学生缺乏必要的交际能力。顶岗实习，必然要接触社会，学生走出课堂，很多学生暴露出与人交往能力上的不足，不懂得怎样与师傅进行交往，不善于向师傅请教。要解决这些问题，应加强语言交际能力的培养，加强公关能力和公关意识的培养。

（2）学生缺乏吃苦耐劳和艰苦朴素的精神。很多学生不适应顶岗实习的紧张生活，怕脏、怕累；有的学生嫌食堂的饭菜不可口，浪费现象严重。这些问题反映出对学生的思想教育工作有待加强。

（3）学生缺乏必要的动手操作能力。掌握专业技能是顶岗实习要解决的问题之一，通过实习，我们发现有些学生掌握哪怕是比较简单的专业技能也比较困难。这与独生子女很少参加家务劳动，很少参加劳动技能训练有关，今后工作中应重点加强这方面的训练。

长春职业技术学校实习就业科
×年×月×日

总结是对过去某一时期或某项工作的情况（包括成绩、经验和存在的问题）的总回顾、评价，从中归纳出经验和教训，以便更好地指导今后的工作。

一 总结的作用

（1）总结是推动工作前进的重要环节。任何一项工作，不管是个人或群体去进行，都需要多次反复操作、辛勤劳动才能完成。每一次具体实践，都有成绩与失误、经验与教训，及时总结就会及时取得经验教训，提高认识和工作技能。不断实践，不断总结，那么，人们对客观事物的认识也就越来越深刻，知识越来越广，智慧越来越高，所进行的事业通过总结才会不断发展、前进。

（2）总结是寻找工作规律的重要手段。任何一种事物、一项工作，都存在内在联系、外部制约，都有它自身的发展、运动规律。遵循这些客观规律办事，就能顺利达到预期的目的，而要找寻、发现客观规律的途径，就需要总结。

（3）总结是培养、提高工作能力的重要途径。一个人的工作能力是指他承担某项工作、执行某项业务、任务的能力。其具体表现有两个方面：一是他的专业知识水平；二是他解决、处理实际工作的能力。在实践中二者常常是糅合在一起，相得益彰。运用所学知识处理实际工作的能力主要是通过实践培养起来的，绝不是天生的。因此，总结是提高能力的重要手段。

（4）总结是团结群众、争取领导支持的好渠道。一项工作任务完成之后必须进行总结，在总结中全面、深入地回顾、检查，找出成绩与缺点、成功与失败、经验与教训，实事求是地作出正确评价，统一认识。这样的总结，群众心服口服，把群众最大限度地团结起来。同时，通过总结把成绩、经验、问题和今后的努力方向等向领导和上级部门汇报，能引起领导的重视，争取领导的支持、指导。

二 分类

（1）按照内容划分，总结分为思想总结、工作总结、学习总结。

（2）按照范围划分，总结分为部门总结、个人总结、单位总结。

（3）按照时间划分，总结分为年度总结、月份总结。

三 总结的特点

（1）客观性。总结是对前段社会实践活动进行全面回顾、检查。它是以自身的实践活动为依据的，所列举的事例和数据都必须完全可靠，确凿无误。

（2）规律性。总结是通过对客观事物的实践分析，提炼出理论认识，它具有普遍规律，可以指导自己和他人今后的实践。

（3）典型性。总结中用以说明的实践活动必须具有典型意义，不但具有代表性而且要突出个性。

（4）概括性。总结还必须从理论的高度概括经验教训。凡是正确的实践活动，作为精神成果的经验教训，从某种意义上说，比物质成果更宝贵，因为它对今后的社会实践有着重要的指导作用。

四 总结的写作方法

总结一般包括标题、正文、落款三个部分。

1 标题

（1）直接性标题。总结人+时限+内容+文种。如"××学院2008年度学生管理工作总结"。

（2）间接性标题。不标明"总结"字样，只是内容的概括，如"从文明风采大赛看职业学校德育工作的实效性"。

（3）综合性标题。即正副标题结合式标题。如"学习现代科技知识，做新一代农民工——××市××年农民工科技知识补习学校工作总结"。

2 正文

正文包括开头、主体、结尾三部分。

开头是写在前面的话，作用在于用简练的文字概括交代总结的问题；主要经验、成绩与效果等作概括的提示，目的在于让读者对总结的全貌有一个概括的了解，为阅读、理解全篇打下基础。

正文的主体是做法和体会、成绩和缺点、经验和教训。回答在什么思想指导下做了什么事、怎样做的、出现怎样的结果、有怎样的体会和成绩等实质性问题。

结尾常采用这样的方法：存在的问题和教训一般放在成绩与经验之后写。存在的问题虽不在每一篇总结中都写，但思想上一定要有个正确的认识。写存在的问题要中肯、恰当、实事求是。

3 落款

署名写在结尾的右下方；日期在署名下边，写上总结的年、月、日。

五 总结的写作要求

（1）以事实为依据。总结时，一定要实事求是，成绩不夸大、缺点不缩小，更不能弄虚作假。这是分析问题、得出教训的基础。

（2）寻求规律性。善于揭示事物本质和规律，总结新经验，把本单位特点写出来，揭示事物普遍规律。

（3）条理要清楚。总结是写给人看的，条理不清，人们就看不下去，即使看了也不知其所以然，这样就达不到总结的目的。

（4）要剪裁得体，详略适宜。总结中的问题要有主次、详略之分，围绕中心，该详的要详，该略的要略。

（5）总结的具体写作，可先集体讨论，征求各方面的意见；然后由专人写出初稿，再行讨论、修改。最好是由主要负责人执笔，或由其亲自主持讨论、起草、修改。

1. 结合自己的实际情况，写一份学习总结，字数在800字左右，实事求是地总结过去，结构条理清晰，语言简要精炼。

2. 某中等职业学校机电专业学生周×到企业进行顶岗实习已接近尾声，几个月的实习，让他耳闻目睹了工人师傅脚踏实地的敬业精神。勤学好问的他从工人师傅那里学到了很多专业技能，对自己从事的专业有了新的认识，对自己的职业生涯有了新的设计。假如你是周×，请根据实习经历，写一份实习总结。

7　启　事

寻 物 启 事

  本人于3月13日（星期二）下午3点左右乘坐62路公共汽车时，不慎将一个黑色公文包遗落在车上。黑色公文包内有本人身份证、工作证等。请拾到者与北方贸易有限公司业务部联系，谢谢！

联系电话：××××××××

北方贸易有限公司业务部

×年×月×日

征 订 启 事

  《环境保护报》是一张宣传环境保护的专业报纸。其主要内容是宣传国家环境保护的方针、政策，反映各行各业的环保动态，普及保护环境、治理污染的科学知识，介绍国内外环境保护的经验。本报刊适合机关、工矿企业、大专院校从事环保工作的干部和群众阅读。

  《环境保护报》为月刊，每月5日出版，每期定价2.5元。如需订阅，即日起可与本报刊发行部联系，办理订阅手续。

《环境保护报》发行部

×年×月×日

庆祝建党90周年征文启事

为庆祝中国共产党建党90周年，激发我校师生员工的爱党、爱国、爱校热情，我校决定举办"庆祝建党90周年"征文活动。

一、征文内容

1. 生活感悟，社会见闻。结合个人成长经历及社会实践，写出在校园生活、家庭生活、课外活动中的感受，反映社会的进步、个人的成长，抒发对党的情怀。

2. 历史感悟，人生思考。客观记录学校发展变化过程中涌现出来的先进人物和感人事迹。

二、征文对象

征文对象为在校师生员工。

三、征文要求

1. 征文题目自拟，体裁不限，字数在2000字以内。

2. 主题突出，观点鲜明，内容真实，健康向上。

3. 来稿注明作者姓名、工作单位或年级（班级）、联系方式。请自留底稿。

四、投稿方式

应征稿件请投本校宣传部信箱（信箱设在B教学楼一楼）。电子邮箱www.jdzg@163.com

五、截稿时间

截稿时间为2011年6月20日。

六、征文奖项

评选出优秀作品一、二、三等奖若干篇，在校园网"纪念建党90周年征文专栏"刊登。

××职业技术学校宣传部
×年×月×日

写法指导

启事是机关、企（事）业单位、团体或个人，需要向公众说明某事或希望公众协助

办理某事时使用的一种事务性文书。

启事的本意是公开陈述事情。"启",即叙说、陈述之意;"事"即事情。目前有的人把"启事"写成"启示"。"事"和"示"读音相同,但意思不同。"启示",是启发指示,使有所领悟的意思。

一 启事的种类

(1)按内容分:启事有征文启事、招聘启事、招生启事、征订启事、开业启事、迁址启事、征婚启事、寻人启事、遗失声明等。

(2)按公布的形式分:启事有报刊启事、电视启事、广播启事、张贴启事等。

二 特点

(1)告启性。启事面向大众告知事宜。它只具有知照性,而没有强制性和约束力。

(2)简明性。启事要求写得简洁明了。无论是登报、广播、电视或张贴,启事都必须写得十分简明。有的启事三言两语;有的启事用单行单句排列内容,竭力做到一目了然。

启事的简明性,除了为读者提供方便之外,同时也受篇幅版面限制。张贴的启事不允许写得过长。电台、电视、报刊启事,是要出钱刊登的,这就更要节俭字数,压缩版面,力求用更少的钱达到最好的效果,这更促成了启事的简明性。

三 写作方法

启事通常由标题、正文、落款三部分组成。

1 标题

有的用事由+文种名称构成,如《寻物启事》。

有的用单位+事由+文种名称构成,如《××职业技术学校招聘教师启事》。

2 正文

启事的正文有多种写法,启事内容简单的通常是一段成文;启事内容丰富的通常分几个段落成文。

3 落款

在正文的右下方,另起一行注明启事者姓名;再另起一行写日期。

四 写作要求

写启事时,内容要简明扼要,用语要讲究礼貌。

 **写作训练**

根据下列要求拟写启事，有关内容自行拟定。

1. 学生会组织摄影作品展，征集摄影作品。
2. 某学生的身份证、学生证丢失。

8 申　请　书

 **例文导学**

入 团 申 请 书

敬爱的团组织：

在"五·四"青年节来临之际，我向团组织提出申请，加入中国共产主义青年团。

中国共产主义青年团，是中国共产党领导的先进青年的群众组织，是广大青年在实践中学习中国特色社会主义和共产主义的学校，是中国共产党的助手和后备军。作为一名身处中华民族腾飞年代的热血青年，加入自己的组织中国共产主义青年团是我多年的愿望。

翻开共青团的历史，使我深深地感受到：中国共产主义青年团是在中国共产党以及毛泽东同志等老一辈无产阶级革命家的关怀下发展壮大的；她始终站在革命斗争的最前列，为党输送了大批无产阶级优秀战士，有着光荣的历史；在继承革命前辈们开创的事业，发扬优良传统和作风方面发挥了突出的作用。

现在，我正式向团组织提出申请，如果得到批准，我将按照团的章程，认真履行团员义务，发挥共青团员的先锋模范作用。如果没有被批准，说明我离团员的标准还有一定差距，我将继续努力，争取早日加入团组织。

　　此致

敬礼

申请人：×××

×年×月×日

 **写法指导**

申请书是个人或集体向组织或上级表达愿望，提出某种请求时使用的一种文书。

一 申请书的特点

（1）下级向上级申请。申请书是一种专用书信，它与一般书信一样，是表达情意的一种工具。其区别是：一般书信可以写给上级、下级、平级或者长辈、平辈、晚辈，可以互通情况、交流情感、研究工作、商量事情；内容广泛，既可以谈公事也可以谈私事。而申请书则是个人或下级写给组织或上级的直接、有关领导。

（2）内容单一。只要求写申请批准的事情即可。

二 申请书的种类

根据不同意愿、不同内容可划分为不同种类的申请书，常见的有以下几种：

（1）入党、入团、入学申请书；

（2）出国留学申请书；

（3）求职申请书；

（4）开业申请书；

（5）撤销处分申请书。

三 申请书的写作方法

申请书的格式，分为标题、称谓、正文、结语、落款五个部分。

1 标题

申请书的标题，一种是直接用文种名称，如"申请书"。另一种是由申请性质+文种名称构成，如"入团申请书"。

2 称谓

在标题下一行顶格处，具体写清接受申请书的单位名称或负责人姓名，如"××市政府"、"××处长"，名称后用冒号。

3 正文

（1）申请的内容。它是申请的主要部分，要写清申请事项和理由。正文写在称谓的下一行，空两格。

（2）申请的原因。说明申请的目的、意义及对申请事项的认识，阐述要充分，语言要简洁。

（3）决心和要求。最后进一步表明自己的决心、态度和要求，表示态度必须诚恳。

4 结语

结语既可以是敬祝语，如"此致，敬礼"，也可以是表示敬意、感谢之类的话，如

"请领导批准我的申请"、"请组织考验"等。

5 落款

在右下方署名；申请日期在署名下一行靠右。

 写作训练

某职业学校数控专业学生刘晓光同学来自偏僻的农村，父母均是农民，以务农种田为生，且母亲一直有病在身，全家的开支由父亲一个人承担，生活陷入困境。刘晓光同学刻苦学习，成绩优秀，被评为三好学生。为了减轻家庭负担，刘晓光利用课余时间，在不影响自己学习的同时，到学校图书馆勤工俭学。请以刘晓光的名义写一份贫困生勤工助学申请书。

9 证 明 信

 例文导学

证 明 信

××成套设备有限公司：

贵公司的王×同志是我校2010届机电一体化专业的毕业生。该同学在校学习期间品学兼优，专业技能过硬，连续三年被评为校三好学生。2009年，该同学在全市中等职业学校专业技能大赛中获得一等奖。

特此证明

××职业技术学校
证明人：×××
×年×月×日

 写法指导

证明信是以行政机关、社会团体、企（事）业单位或个人的名义凭借确凿的证据证

明某人的身份、经历或某件事情的真实情况所用的一种专用书信。证明信一般也直接称为证明，具有凭证作用。

一 证明信的特点

（1）内容不能涂改；
（2）单位出具的证明信需要加盖公章；
（3）实事求是，不能夸大或缩小，更不能弄虚作假。

二 证明信的种类和要求

1 证明信的种类

证明信按照适用范围进行如下分类：

入党入团，组织在进行调查时，原单位有关人员要为其写出证明信。

某些真相模糊不清的历史事实或事件被人歪曲，要通过证明信澄清事实。

在公安机关寻求办理某项案件，当时在场群众要写出证明信，说明案发当时的实际情况。

个人为单位办理某些事项或由于具体情况需要向单位作出解释，也可以请相关人员出具证明。

2 证明信的有关要求

（1）单位、团体出具的证明信，一般是证明本单位人员（含曾在本单位工作的人员）的有关情况。

（2）个人出具的证明信，需要个人所属单位签署意见。

三 写作方法

证明信通常由标题、称谓、正文、落款构成。

1 标题

（1）单独以文种名称作标题，如"证明"或"证明信"。
（2）由文种名称+事由构成，如"关于××同志××情况（问题）的证明。"

2 称谓

在第二行顶格写上受文单位名称，然后加上冒号，如"××市教育局："。如果没有固定的受文者，开头可以不写受文者称呼，直接在正文前用公文引导词"兹"引起正文内容。如"兹证明……"。

3 正文

正文内容包括要证明的具体事项，表明态度，说明相关信息、材料来源，某人的有关情况。另起一行写上"特此证明"，不要写祝福语。

4 落款

落款即署名和日期。在正文右下方出具证明者的单位、证明人姓名，注意要加盖公章，否则证明信是无效的。

如果以个人名义写证明信，除个人签名外，还需由证明人所在的单位签署意见，以增强证明信的严肃性和可靠性。如：

×××同志（出具证明人）是我校政教处主任，此证明材料情况属实。

××中等专业学校（盖章）

×年×月×日

孙×同学是某职业学校2008届电子商务与物流专业毕业生。在校期间，她多次获得学校一等奖学金，并担任学生会学习部部长职务；在某物流公司工作一年后，准备竞聘该公司业务主管一职。公司要求她出具一份在校表现的证明。

请以学校的名义，为孙×同学写一份在校表现的证明信。

10 表扬信

表 扬 信

××中等专业学校：

　　王亮同学系贵校2009级机电专业学生。该同学到我公司实习以来，勤学好问，刻苦钻研专业技术，班组遇到技术难题，只要经他之手，就能很快得到解决。

　　今年3月份，我公司在新车型试生产期间，下线车辆有时会出现启动异常的现象，王亮同学积极攻克技术难题，经过多次试验，研究出一套较为优化的改进措施，为新车型的顺利上市立下了汗马功劳。

王亮同学立足本岗、勇于创新、乐于奉献的精神值得公司全体员工学习。王亮同学是贵校优秀学生的代表。在此，我们衷心地对王亮及培养他的学校和老师说声：谢谢！

请贵校对王亮同学的事迹予以表彰，希望他能再接再厉，不断进步！

此致

敬礼

××汽车有限公司
×年×月×日

表扬信是用来表彰某个行政机关、企（事）业单位、社会团体或个人的先进思想、先进事迹、高尚风格，用以弘扬正气的一种专用书信。

一 表扬信的特点

（1）弘扬正气，褒奖善良。表扬信要表扬的都是那些为社会作出贡献的单位或个人。

（2）表扬为主，兼顾感谢。表扬信一般均有感谢的成分，尤其是表扬的事迹同写信人有关时，更要在表扬信中表达出自己的谢意。

（3）发文的公开性。表扬信可以张贴、登报，也可以在电台、电视台上播放。

二 表扬信的分类

从表扬双方的关系来看，表扬信可以分为两种——上级对下级、团体对个人的表扬；群众之间的表扬。

（1）以领导机关或群众团体的名义表扬其所属的单位、集体或个人，这种表扬信可以在授奖大会上由负责同志宣读，也可以登报刊、上广播、上电视。

（2）群众之间的表扬——这种表扬信不仅赞颂对方的好品德、好风格，也有感谢的意思。它可直接寄给本人或所属单位；也可寄给报社、电台，请新闻媒体进行宣传。

从被表扬者的身份来看，表扬信又可分为以下两种：

（1）对集体的表扬。此类表扬可以是上级领导、同级单位，也可以是群众团体或某一普通个人。

（2）对个人的表扬。由于个人在工作中取得了优异的成绩，或为单位作出了突出贡献，或者帮助别人解决了某些困难，因此受到单位或个人的表扬、表彰。

三 写作方法

表扬信通常由标题、称谓、正文、结语、敬语、落款六部分构成。

1 标题

标题单独由文种名称构成，如"表扬信"。

2 称谓

称谓顶格写上被表扬的机关、单位名称或个人姓名。写给个人的表扬信，应在姓名后面加上"同志"、"先生"等称呼，称谓后面加上冒号，如："王刚先生："。

3 正文

正文内容另起一行，空两格。

（1）交代表扬的理由。用概括的语言重点叙述人物事迹的发生、发展、结果及其意义。

（2）指出表扬的意义。在叙述的基础上进行评价。

4 结语

结语提出对对方的表扬或者向对方单位提出建议，希望对被表扬人予以表彰。写给个人的表扬信，应加上"深受感动"、"值得我们学习"等方面的内容。

5 敬语

在结束用语后写上"此致、敬礼"等敬语。以领导机关或群众团体的名义表彰其所属的单位、集体、个人的表扬信，一般不用敬语。

6 落款

在正文右下方写上单位名称或个人姓名；在署名的下方注明日期。如果以个人名义写表扬信，应在个人姓名前注明发信人的地址。

四 注意事项

（1）叙事要实事求是。对被表扬的人和事的叙述一定要准确无误，既不夸大，也不缩小。评价要实事求是，恰如其分。

（2）要用事实说理。所述动人事迹要做到见人、见事、见精神，要充分反映出对方的可贵品质。

（3）语气要热情、恳切，文字要朴素、精炼，篇幅要短小精悍。

（4）表扬信可以组织名义写，也可以个人名义写。除信中予以表扬外，也可以建议有关单位或部门予以表彰。

阅读下面表扬信,指出不当之处后,为其重新写一封表扬信。

表 扬 信

各位老师、同学:在刚刚结束的一万米比赛中,×××同学不幸中途跌倒,腿部受伤严重,已分不清汗水和血水,但他忍着伤痛,坚持跑完了一万米,这种顽强的拼搏精神,得到了人们的好评,特此提出表扬,并希望全校教职员工向他学习!

××学校大会主席团
×年×月×日

11 感 谢 信

感 谢 信

敬爱的王老师:

今天,我已收到高校录取通知书,您听了一定很高兴吧!

记得我刚入校的时候,学习成绩很差,您耐心地辅导我学习,教给我学习的方法,勉励我刻苦学习。每当我有一点进步时,您总是笑着夸奖我有出息、有志气,唤起我的上进心。回想起我中学阶段的学习生涯,是您希望和信任的微笑,给了我勇气和力量,我能考上高校是与您的悉心培养分不开的。

三年来,是您的培养和帮助,使我找到了自信,明确了奋斗目标,您的谆谆教诲学生永远铭记于心。在即将跨入大学校门前夕,我是既高兴又紧张,高兴的是没有辜负您的希望,紧张的是高校的学习要求更高了。我希望老师能像过去一样关心我、教育我、鼓励我。我会以出色的成绩回报您的培养,谢谢您,老师!

敬祝

身体健康!

您的学生:×××
×年×月×日

感谢信是为了答谢对方的关心、帮助和支持而写的一种专用书信。

一 感谢信的分类

1 从感谢对象的特点来分

（1）给集体的感谢信。这类感谢信，一般是个人由于在困难时，受到了集体的帮助，使自己度过了难关，走出了困境，所以要用感谢信的方式表达自己的感激之情。

（2）给个人的感谢信。这类感谢信，可以是个人也可以是单位或集体为了表达某个人曾给予的帮助、照顾而写的。

2 从感谢信的存在形式上来分

（1）公开张贴的感谢信。这类感谢信包括登报、电台广播，或电视台播报的感谢信等，总之是一种公开的感谢信。

（2）寄往单位或个人的感谢信。这类感谢信直接寄给单位和个人。

以上无论怎么分类，都不会影响感谢信的写法。

二 感谢信的写作方法

感谢信通常由标题、称谓、正文、结尾和落款五部分构成。

1 标题

感谢信的标题写法通常有以下两种形式。

（1）单独由文种名称组成，如《感谢信》。

（2）由感谢对象+文种名称共同组成，如《致××剧院的感谢信》。

2 称谓

称谓写在开头顶格处，要求写明被感谢的机关、单位、团体或个人的名称或姓名，然后加上冒号。

3 正文

感谢信的正文从称呼下移一行空两格开始写，要求写上感谢的内容和感谢的心情。应分段写出以下两个方面：

（1）感谢的事由。精炼地叙述事情的前因后果，叙述对方的好品德、好作风。叙述时务必交代清楚人物、事件、时间、地点、原因和结果，尤其重点叙述关键时刻对方的关心和支持。

（2）揭示意义。在叙事的基础上指出对方的关心、支持和帮助对整个事情成功的重要性以及体现出的可贵精神，同时表示向对方学习的态度和决心。

4 结尾

结尾要写上敬意的话、感谢的话。如："此致、敬礼"、"致以诚挚的敬意"等。

5 落款

感谢信的落款署上发文单位名称或发文者的姓名，并且署上成文日期。

××中等专业学校2010级会计电算化（1）班肖×同学，2011年3月不幸患严重心肌炎住院。肖×住院期间，她的同学与班主任老师多次到医院看望、慰问，给她送来很多营养品和鲜花。当学校学生科得知肖×的病情以及肖×家庭特困的实际情况时，在全校开展了"献上一份爱心"活动，筹款近万元，送到肖×的病床前。

肖×和她的家长认为，学校老师和同学的行动，不仅帮助他们解决了困难，而且温暖了一家人的心，增强了肖×战胜疾病的信心和勇气。肖×表示出院后一定会把大家的爱心化作力量，刻苦学习，争取以优异的成绩报答大家给予的温暖。

两个月后，肖×的身体痊愈出院，为感谢学校全体师生奉献的爱心，肖×家长在她出院当天，给全校师生写了一封感谢信。

请你根据上述材料，以肖×家长的身份写一封感谢信。

12 演 讲 稿

科 学 的 颂 歌

爱因斯坦

我亲爱的朋友们：

我十分高兴看到我面前的你们——选择了科学作为职业，精力充沛的青年人队伍。

我将反复唱一首赞美歌，赞美在应用科学上我们已经取得的伟大成果，赞美你们即将带来的更大的进步。事实上，你们是在应用科学时代，也是在这样一个应用科学的国度。

如果说我现在不合时宜地说话，那是错误的！恰像有人认为不开化的印第安人经济不丰富、生活不愉快一样，但我不这么想。事实上，开明国家的孩子是那样地喜欢"印第安人"游戏，这具有深刻的意味。

伟大的应用科学又使我们减少劳动，使生活变得安乐舒适，但为什么现在它带给我们的幸福这么少呢？简单的答案就是：因为我们仍然没有把科学置于合理的应用之中。

战争年代，科学为我们可能中毒和相互伤害服务；和平时期，它使我们的生活变得匆忙和不稳定。代替大规模从脑力消耗的劳动中解脱我们，它使人们成为机器的奴隶——人们的大部分时间给用在了漫长单调的令人厌恶的工作上，且还要继续担心自己的可怜的口粮。

你们可能觉得我这个老头儿唱的歌不中听，可是我这么说具有一个良好的目的——为了指出科学的重要和前途。

为使你们的工作能够赐福于人类，仅仅懂得应用科学本身是不够的！对人类本身及其命运的关心，必然是培养出努力学习各种技术的兴趣；对尚未解决的巨大劳动起源和商品分配的问题的关心——为了我们思想意识的建立，将会给整个人类带来幸福而不是灾难。在你们的图表和方程式中千万不要忘记这一点。

演讲稿也叫演说词，是演讲者在公众场合为交流思想、感情，表达主张、见解，具有宣传、鼓动和教育作用的讲话文稿。演讲的主要成分是："讲"，是语言表达，同时还要有"演"，就是要有恰到好处的态势语言，二者有机结合才构成演讲。

一 演讲稿的特点

（1）针对性。演讲稿的内容多是听众最关心、最感兴趣、最想了解的，要让观众引起共鸣，就要求针对观众的经历或需要，这样才是成功的演讲。

（2）鼓动性。演讲的目的是感动听众、说服听众，以情感人、激发共鸣，争取最佳宣传说服效果。那么，对演讲的语言要求就很高，必须具备感染力和鼓动性。

（3）口语化。演讲稿要能将无声文字通过演讲者声情并茂的演讲变为有声语言。要好说、好听、好懂、好记，这样才能讲得悦耳动听，通俗易懂，幽默风趣。

二 演讲稿的分类

（1）从范围和表现形式上划分，演讲稿可分为会议演讲稿、广播演讲稿、电视演讲

稿、课堂演讲稿等。

（2）从演讲内容和性质划分，演讲稿可分为政治演讲稿、学术演讲稿、社会活动演讲稿等。

（3）从表达方式上划分，演讲稿可分为记叙性演讲稿、议论性演讲稿、抒情性演讲稿等。

三 演讲稿的写作方法

演讲稿的结构由标题、称谓和正文三部分构成。

1 标题

演讲稿的标题无固定格式，一般有以下四种类型。

（1）揭示主题型，如《人应该有奉献精神》。

（2）揭示内容型，如《在省科技工作会议上的讲话》。

（3）提出问题型，如《当代大学生应具备什么素质》。

（4）思考问题型，如《象牙塔与蜗牛》。

2 称谓

称谓顶格加冒号，根据受听对象和演讲内容需要决定称呼。常用"同志们"、"朋友们"等，也可加定语渲染气氛，如"年轻的朋友们"等。

3 正文

正文由开头语、主体和结语三部分构成。

（1）开头语。开头语的任务是吸引听众、引出下文。没有固定格式要求，可以由问而起，也可以提出一种现象引人思考，还可以开门见山，总之，演讲者要专注于听众。

（2）主体。主体即中心内容。一般有三种类型：

①记叙性演讲稿。以对人物事件的叙述和生活画面描述行文。

②议论性演讲稿。以典型事例和理论为论据，用逻辑方式行文，用观点说服听众。

③抒情性演讲稿。用热烈抒情性语言表明观点，以情感人，说服听众，寓情于事、寓情于理、寓情于物。

（3）结语。结语是演讲能否走向成功的关键，常用总结全文、加深印象、提出希望、给人鼓舞、表示决心、誓言结束、照应题目、完整文意等方法在激动人心的结语中结束全文。

写作训练

请以"专业助我点燃信念的灯"为主题，写一篇演讲稿。

第四单元

语文实践活动

1 专业助我点燃信念的灯

——了解专业、热爱专业、树立学习自信心的主题活动

一 活动的目的与任务

（1）培养学生选择和组织材料的能力和听话、说话的能力。

（2）让学生了解专业、认识专业，培养对专业学习的兴趣和积极性。

二 活动流程

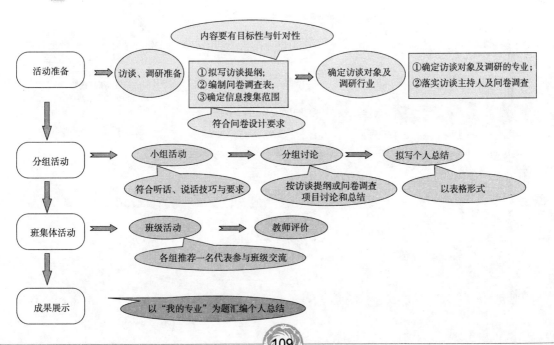

2 展望我们未来的职场

——"我的职业设计"策划会

一 活动的目的与任务

（1）培养学生职业意识和初步规划职业能力。
（2）提高学生观察、分析、概括和辩论等语文综合能力。

二 活动流程

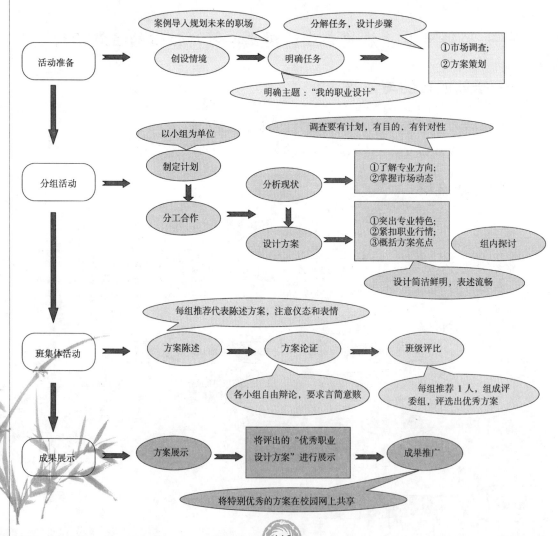

3 诵读经典古诗 弘扬传统文化

——中华古诗诵读比赛

一 活动的目的与任务

（1）激发学生诵读古典诗歌的积极性，增加故事积累，提高文化素养。
（2）掌握诵读方法，提高诵读水平。

二 活动流程

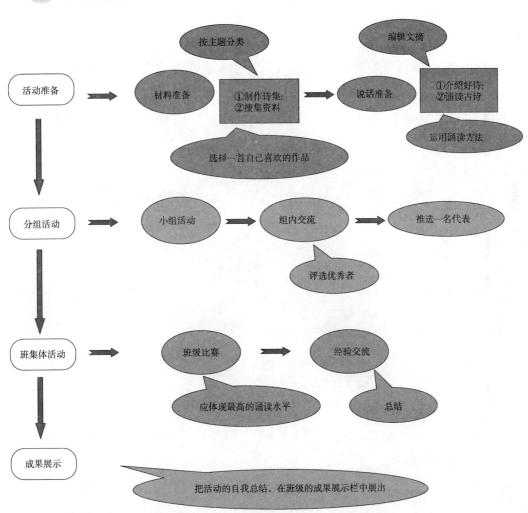

4 培养一丝不苟的敬业精神

一 活动的目的与任务

（1）培养学生搜集整理资料能力，理解敬业的崇高品质。
（2）培养学生的交流合作能力，积累有关爱岗敬业的名言警句。
（3）引导学生理解爱岗敬业在工作中的意义，感悟职业人的价值。

二 活动流程

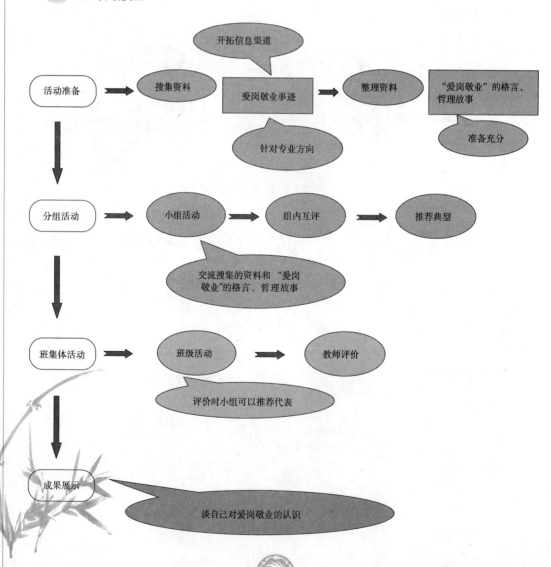

5 主题演讲

——天生我材必有用

一 活动的目的与任务

（1）掌握演讲稿的写法。
（2）掌握演讲的方法、技巧。
（3）培养学生口语表达能力。
（4）通过实践活动，使学生领悟到不断自知、自强，生命才会放射出灿烂的光华。感悟人生，树立自信、自立、自强的人生信念。

二 活动流程

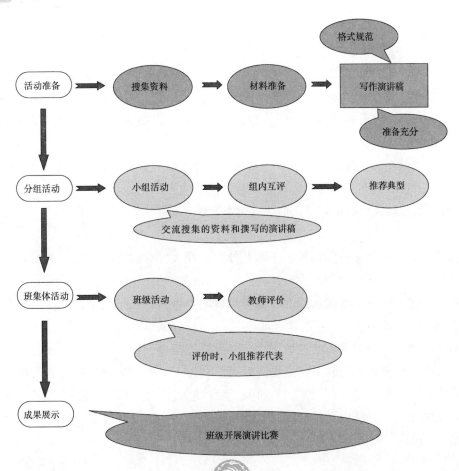

第五单元

阅读与欣赏

1 我的母亲

老 舍

本篇是老舍先生在抗战期间所写的一篇怀念母亲的文章。全文不事雕琢，情真意切，读后使人潸然泪下。老舍的母亲，虽然没有什么过人的才华，只是一名普通的劳动妇女，但她勤劳善良、真诚待人、宽厚忍让和坚韧刚强的性格，展示了她高贵的心灵。

通读全文，体会老舍对母亲的深情和孝心，谈谈老舍和他的母亲身上有哪些值得我们学习的品质？联系实际思考，在生活中，也有许许多多平凡的人，也包括我们的父母。我们从他们身上能学到什么？

母亲的娘家在北平德胜门外，土城儿外边，通大钟寺的大路上的一个小村里。村里一共有四五家人家，都姓马。大家都种点不十分肥美的地，但是与我同辈的兄弟们，也有当兵的，作木匠的，作泥水匠的，和当巡察的。他们虽然是农家，却养不起牛马，人手不够的时候，妇女便也须下地做活。

对于姥姥家，我只知道上述的一点。外公外婆是什么样子，我就不知道了，因为他们早已去世。至于更远的族系与家史，就更不晓得了。穷人只能顾眼前的衣食，没有工夫谈论什么过去的光荣。"家谱"这字眼，我在幼年就根本没有听说过。

母亲生在农家，所以勤俭诚实，身体也好。这一点事实却极重要，因为假若我没有这样的一位母亲，我以为我恐怕也就要大大的打个折扣了。

母亲出嫁大概是很早，因为我的大姐现在已是六十多岁的老太婆，而我的大外甥女还长我一岁啊。我有三个哥哥，四个姐姐，但能长大成人的，只有大姐，二姐，三姐，三哥与我。我是"老"儿子。生我的时候，母亲已有四十一岁，大姐二姐已都出了阁。

由大姐与二姐所嫁入的家庭来推断，在我生下之前，我的家里，大概还马马虎虎地过得去。那时候订婚讲究门当户对，而大姐丈是作小官的，二姐丈也开过一间酒馆，他们都是相当体面的人。

可是，我，我给家庭带来了不幸：我生下来，母亲晕过去半夜，才睁眼看见她的老儿子——感谢大姐，把我揣在怀中，致未冻死。

一岁半，父亲死了。

兄不到十岁，三姐十二三岁，我才一岁半，全仗母亲独力抚养了。父亲的寡姐跟我们一块儿住，她吸鸦片，她喜摸纸牌，她的脾气极坏。为我们的衣食，母亲要给人家洗衣服，缝补或裁缝衣裳。在我的记忆中，她的手终年是鲜红微肿的。白天，她洗衣服，洗一两大绿瓦盆。她做事永远丝毫也不敷衍，就是屠户们送来的黑如铁的布袜，她也给洗得雪白。晚间，她与三姐抱着一盏油灯，还要缝补衣服，一直到半夜。她终年没有休息，可是在忙碌中她还把院子屋中收拾得清清爽爽。桌椅都是旧的，柜门的铜活久已残缺不全，可是她的手老使破桌面上没有尘土，残破的铜活发着光。院中，父亲遗留下的几盆石榴与夹竹桃，永远会得到应有的浇灌与爱护，年年夏天开许多花。

哥哥似乎没有同我玩耍过。有时候，他去读书；有时候，他去学徒；有时候，他也去卖花生或樱桃之类的小东西。母亲含着泪把他送走，不到两天，又含着泪接他回来。我不明白这都是什么事，而只觉得与他很生疏。与母亲相依为命的是我与三姐。因此，他们做事，我老在后面跟着。她们浇花，我也张罗着取水；她们扫地，我就撮土……从这里，我学得了爱花，爱清洁，守秩序。这些习惯至今还被我保存着。

有客人来，无论手中怎么窘，母亲也要设法弄一点东西去款待。舅父与表哥们往往是自己掏钱买酒肉食，这使她脸上羞得飞红，可是殷勤地给他们温酒做面，又给她一些喜悦。遇上亲友家中有喜事、丧事，母亲必把大褂洗得干干净净，亲自去贺吊——份礼也许只是两吊小钱。到如今我的好客的习性还未全改，尽管生活是这么清苦，因为自幼儿看惯了的事情是不易改掉的。

姑母常闹脾气。她单在鸡蛋里找骨头。她是我们家中的阎王。直到我入了中学，她才死去，我可是没有看见母亲反抗过。"没受过婆婆的气，还不受大姑子的吗？命当如此！"母亲在非解释一下不足以平服别人的时候，才这样说。是的，命当如此。母亲活到老，穷到老，辛苦到老，全是命当如此。她最会吃亏。给亲友邻居帮忙，她总跑在前面：她会给婴儿洗三——穷朋友们可以因此少花一笔"请姥姥"钱——她会刮痧，她会给孩子们剃头，她会给少妇们绞脸……凡是她能做的，都有求必应。但是吵嘴打架，永远没有她。她宁可吃亏，不斗气。当姑母死去的时候，母亲似乎把一世的委屈都哭了出

来，一直哭到坟地。不知道哪里来的一位侄子，声称有继承权，母亲便一声不响，教他搬走那些破桌子烂板凳，而且把姑母养的一只肥母鸡也送给他。

可是，母亲并不软弱。父亲死在庚子闹"拳"的那一年。联军入城，挨家搜索财物鸡鸭，我们被搜两次。母亲拉着哥哥与三姐坐在墙根，等着"鬼子"进门，街门是开着的。"鬼子"进门，一刺刀先把老黄狗刺死，而后入室搜索。他们走后，母亲把破衣箱搬起，才发现了我。假若箱子不空，我早就被压死了。皇上跑了，丈夫死了，鬼子来了，满城是血光火焰，可是母亲不怕，她要在刺刀下，饥荒中，保护着儿女。北平有多少变乱啊，有时候兵变了，街市整条地烧起，火团落在我们院中。有时候内战了，城门紧闭，铺店关门，昼夜响着枪炮。这惊恐，这紧张，再加上一家饮食的筹划，儿女安全的考虑，岂是一个软弱的老寡妇所能受得起的？可是，在这种时候，母亲的心横起来，她不慌不哭，要从无办法中想出办法来。她的泪会往心中落！这点软而硬的个性，也传给了我。我对一切人与事，都取和平的态度，把吃亏看作当然的。但是，在做人上，我有一定的宗旨与基本的法则，什么事都可将就，而不能超过自己划好的界限。我怕见生人，怕办杂事，怕出头露面，但是到了非我去不可的时候，我便不得不去，正像我的母亲。从私塾到小学，到中学，我经历过起码有廿位教师吧，其中有给我很大影响的，也有毫无影响的，但是我的真正的教师，把性格传给我的，是我的母亲。母亲并不识字，他给我的是生命的教育。

当我小学毕了业的时候，亲友一致地愿意我去学手艺，好帮助母亲。我晓得我应当去找饭吃，以减轻母亲的勤劳困苦。可是，我也愿意升学。我偷偷地考入了师范学校——制服，饭食，书籍，宿处，都由学校供给。只有这样，我才敢对母亲提升学的话。入学，要交十元的保证金。这是一笔巨款！母亲作了半个月的难，把这巨款筹到，而后含泪把我送出门去。她不辞劳苦，只要儿子有出息。当我由师范毕业，而被派为小学校校长，母亲与我都一夜不曾合眼。我只说了句："以后，您可以歇一歇了！"她的回答只有一串串的眼泪。我入学之后，三姐结了婚。母亲对儿女是都一样疼爱的，但是假若她也有点偏爱的话，她应当偏爱三姐，因为自父亲死后，家中一切的事情都是母亲和三姐共同撑持的。三姐是母亲的右手。但是母亲知道这右手必须割去，她不能为自己的便利而耽误了女儿的青春。当花轿来到我们的破门外的时候，母亲的手就和冰一样的凉，脸上没有血色——那是阴历四月，天气很暖。大家都怕她晕过去。可是，她挣扎着，咬着嘴唇，手扶着门框，看花轿徐徐地走去。不久，姑母死了。三姐已出嫁，哥哥不在家，我又住学校，家中只剩下母亲自己。她还须自晓至晚地操作，可是终日没人和她说一句话。新年到了，正赶上政府倡用阳历，不许过旧年。除夕，我请了两小时的假。由拥挤不堪的街市回到清炉冷灶的家中。母亲笑了。及至听说我还须回校，她愣住了。半天，她才叹出一口气来。到我该走的时候，她递给我一些花生："去吧，小子！"街上是那么热闹，我却什么也没看见，泪遮迷了我的眼。今天，泪又遮住了我的眼，又想起当日孤独地过那凄惨的除夕的慈母。可是慈母不会再候盼着我了，她已入了土！

儿女的生命是不依顺着父母所设下的轨道一直前进的，所以老人总免不了伤心。我廿三岁，母亲要我结了婚，我不要。我请来三姐给我说情，老母含泪点了头。我爱母亲，但是我给了她最大的打击。时代使我成为逆子。廿七岁，我上了英国。为了自己，我给六十多岁的老母以第二次打击。在她七十大寿的那一天，我还远在异域。那天，据姐姐们后来告诉我，老太太只喝了两口酒，很早地便睡下。她想念她的幼子，而不便说出来。

七七抗战后，我由济南逃出来。北平又像庚子那年似的被鬼子占据了，可是母亲日夜惦念的幼子却跑西南来。母亲怎样想念我，我可以想象得到，可是我不能回去。每逢接到家信，我总不敢马上拆看，我怕，怕，怕，怕有那不祥的消息。人，即使活到八九十岁，有母亲便可以多少还有点孩子气。失了慈母便像花插在瓶子里，虽然还有色有香，却失去了根。有母亲的人，心里是安定的。我怕，怕，怕家信中带来不好的消息，告诉我已是失了根的花草。

去年一年，我在家信中找不到关于老母的起居情况。我疑虑，害怕。我想象得到，如有不幸，家中念我流亡孤苦，或不忍相告。母亲的生日是在九月，我在八月半写去祝寿的信，算计着会在寿日之前到达。信中嘱咐千万把寿日的详情写来，使我不再疑虑。十二月二十六日，由文化劳军的大会上回来，我接到家信。我不敢拆读。就寝前，我拆开信，母亲已去世一年了！

生命是母亲给我的。我之所以能长大成人，是母亲的血汗灌养的。我之所以能成为一个不十分坏的人，是母亲感化的。我的性格、习惯，是母亲传给的。她一世未曾享受过一天福，临死还吃的是粗粮。唉！还说什么呢？心痛！心痛！

一、填空

1. 老舍，原名（　　　　），字舍予，现代著名作家、杰出的语言大师，被誉为（　　　　）。主要作品有（　　　　）、（　　　　）、《龙须沟》和（　　　　）等。

2. 慈母手中线，游子身上衣。出自（　　　　）的《游子吟》。

二、下列各组中正确的一项是：（　　）

A. 庚(gēng)子　　巡察　　凄惨　　花矫
B. 窘(jiǒng)迫　　折扣　　疑虑　　承继
C. 敷(fú)衍　　刮痧　　绞脸　　贺吊
D. 生疏(shū)　　火焰　　出阁　　青爽

三、从老舍的笔触中感觉母亲是怎么样的一个人？

2 好雪片片

林清玄

  一位以卖奖券为生的贫苦老人,衣衫褴褛,居无定所,经历了生活给予的种种不公。但是,他却以超乎寻常的乐观,认真地工作,送给他人微笑和真诚的祝愿,让作者感觉到了一种温暖和感动。通读全文,谈一谈你对这位老人的印象,他的生活态度又给了你怎样的启示?

  "好雪片片"是一句禅语,包含着生活的哲理。联系课文,想想什么是生活中的"好雪"?是什么决定了它"落在这里"而"不落别处"?

  在信义路上,常常会看到一位流浪的老人。即使热到摄氏三十八度的盛夏,他也穿着一件很厚的中山装,中山装里还有一件毛衣。那么厚的衣物使他肥胖笨重有如木桶。平常他就蹲坐在街角,歪着脖子,看来往的行人,也不说话,只是轻轻地摇动手里的奖券。

  很少的时候,他会站起来走动,当他站起,才发现他的椅子绑在皮带上,走的时候,椅子摇过来,又摇过去。他脚上穿着一双老式的牛伯伯打游击的大皮鞋,摇摇晃晃像陆上的河马。

  如果是中午过后,他就走到卖自助餐摊子的前面一站,想买一些东西来吃,摊贩看到他,通常会盛一盒便当送给他。他就把吊在臀部的椅子对准臀部,然后坐下去。吃完饭,他就地睡午觉,仍是歪着脖子,嘴巴微张。

  到夜晚,他会找一块干净挡风的走廊睡觉,把椅子解下来当枕头,和衣,甜甜地睡去了。

  我观察老流浪汉很久了,他全部的家当都带在身上,几乎终日不说一句话,可能他整年都不洗澡的。从他的相貌看来,应该是北方人,流落到这南方热带的街头,连最燠热的夏天都穿着家乡的厚衣。

  对于街头的这位老人,大部分人都会投以厌恶与疑惑的眼光,小部分人则投以同情。

  我每次经过那里,总会向老人买两张奖券,虽然我知道即使每天买两张奖券,对他也不能有什么帮助,但买奖券使我感到心安,并使同情找到站立的地方。

  记得第一次向他买奖券那一幕,他的手、他的奖券、他的衣服同样的油腻污秽,他缓缓地把奖券撕下,然后在衣袋中摸索着,摸索半天掏出一个小小的红色塑胶套,这套子竟是崭新的，美艳得无法和他相配。

老人小心地把奖券装进红色塑胶套，由于手的笨拙，使这个简单动作也十分艰困。

"不用装套子了。"我说。

"不行的，讨个喜气，祝你中奖！"老人终于笑了，露出缺几颗牙的嘴，说出充满乡音的话。

他终于装好了，慎重地把红套子交给我，红套子上写着八个字："一券在手，希望无穷。"

后来我才知道，不管是谁买奖券，他总会努力地把奖券装进红套子里。慢慢我理解到了，小红套原来是老人对买他奖券的人一种感激的表达。每次，我总是沉默耐心等待，看他把心情装进红封套，温暖四处流动着。

和老人逐渐认识后，有一年冬天黄昏，我向他买奖券，他还没有拿奖券给我，先看见我穿了单衣，最上面的两个扣子没有扣。老人说："你这样会冷吧！"然后，他把奖券夹在腋下，伸出那双油污的手，要来帮我扣扣子，我迟疑了一下，但没有退避。

老人花了很大的力气，才把我的扣子扣好，那时我真正感觉到人明净的善意，不管外表是怎么样的污秽，都会从心的深处涌出，在老人为我扣扣子的那一刻，我想起了自己的父亲，鼻子因而酸。

老人依然是街头的流浪汉，把全部的家当带在身上；我依然是我，向他买着无关紧要的奖券。但在我们之间，有一些友谊，装在小红套里，装在眼睛里，装在不可测的心之角落。

我向老人买过很多很多奖券，从未中过奖，但每次接过小红套时，我觉得那一刻已经中奖了，真的是"一券在手，希望无穷"。我的希望不是奖券，而是人的好本质，不会被任何境况所淹没。

我想到伟大的禅师庞蕴说的："好雪片片，不落别处！"我们生活中的好雪、明净之雪也是如此，在某时某地当下即见，美丽地落下，落下的雪花不见了，但灌溉了我们的心田。

一、文中写"我"以在老人那里买奖券"感到安心"，"并使同情找到站立的地方"，从中可以看出"我"是一个什么样的人？下面正确的一项是（　　）。

　　A．一个虚伪的人

　　B．一个沽名钓誉之人

　　C．一个同情心泛滥，假情假意的人

　　D．一个善良、富有同情心、有一定社会责任感的知识分子

二、课文是从哪几个方面来描写流浪老人的形象的？运用了什么表现手法？

三、如何理解"好雪片片,不落别处"?

四、文章以"好雪片片"为题,又以"好雪片片,不落别处"收束全文,你觉得有什么好处?

3 离太阳最近的树

毕淑敏

  这是一篇情理交融的叙事散文。女作家毕淑敏以自己丰富而独特的人生经历为底蕴,采取独特的视角,真实地记录了青藏高原上红柳树的消亡历程。那些防风固沙,在恶劣环境中苦苦挣扎的红柳,因人类的无知而被砍伐殆尽,甚至连它们的根也没能留下。这是一个生态悲剧,也将成为人类的悲剧。

  阅读课文,理清文章的思路,探究作者的感情脉络,学习像作者一样的理性思考。从文章中感受作者的环保主张,学会珍爱自然,敬畏生命。

30年前,我在西藏阿里当兵。

这世界的第三极,平均海拔5000米,冰峰林立,雪原寥寂。不知是神灵的佑护还是大自然的疏忽,在荒漠的皱褶里,有时会不可思议地生存着一片红柳丛。它们有着铁一样锈红的枝干,凤羽般纷披的碎叶,偶尔会开出谷穗样细密的花,对着高原的酷寒和缺氧微笑。这高原的精灵,是离太阳最近的绿树,百年才能长成小小的一蓬。到藏区巡回医疗,我骑马穿行于略带苍蓝色调的红柳丛中,曾以为它必与雪域永在。

一天,司务长布置任务——全体打柴去!

我以为自己听错了,高原之上,哪里有柴?!

原来是驱车上百公里,把红柳挖出来,当柴火烧。

我大惊,说,红柳挖了,高原上仅有的树不就绝了吗?

司务长回答,你要吃饭,对不对?饭要烧熟,对不对?烧熟要用柴火,对不对?柴火就是红柳,对不对?

我说,红柳不是柴火。它是活的,它有生命。做饭可以用汽油,可以用焦炭,为什么要用高原上唯一的绿色!

司务长说,拉一车汽油上山,路上就要耗掉两车汽油。焦炭运上来,一斤的价钱等

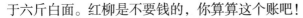

于六斤白面。红柳是不要钱的，你算算这个账吧！

挖红柳的队伍，带着铁锹、镐头和斧，浩浩荡荡地出发了。

红柳通常都是长在沙丘上。一座结实的沙丘顶上，昂然立着一株红柳。它的根像一柄巨大章鱼的无数脚爪，缠附至沙丘逶迤的边缘。

我很奇怪，红柳为什么不找个背风的地方猫着呢？生存中也好少些艰辛。老兵说，你本末倒置了。不是红柳长在沙丘上，而是因为有了这棵红柳，才固住了流沙。随着红柳的渐渐长大，流沙被固住得越来越多，最后便聚成了一座沙山。红柳的根有多广，那沙山就有多大。

啊，红柳如同冰山。露在沙上的部分只有十分之一，伟大的力量埋在地下。

红柳的枝叶算不得好柴薪。它们在灶膛里像闪电一样，转眼就释放完了，炊事员说它们一点后劲也没有。真正顽强的是红柳强大的根系。它们如盘卷的金属，坚挺而硬韧，与沙砾黏结得如同钢筋混凝土。一旦燃烧起来，能持续而稳定地吐出熊熊的热量，好像把千万年来，从太阳那里索得的光芒，压缩后爆裂出来。金红的火焰中，每一块红柳根，都弥久地维持着盘根错节的形状，好像一颗傲然不屈的英魂。

把红柳根从沙丘中掘出，蕴含着很可怕的工作量。红柳与土地生死相依，人们要先费几天的时间，将大半个沙山掏净。这样，红柳就枝丫遒劲地腾越在旷野之上，好似一副镂空的恐龙骨架。这时需请来最有气力的男子汉，用利斧，将这活着的巨型根雕与大地最后的联系——斩断，整个红柳丛就訇然倒下了。

连年砍伐，人们先找那些比较幼细的红柳下手，因为所费气力较少。但一年年过去，易挖的红柳绝迹，只剩那些最古老的树灵了。

掏挖沙山的工期越来越漫长，最健硕有力的小伙子，也折不断红柳苍老的手臂了。

于是人们想出了高技术的法子——用炸药！

只需在红柳根部，挖一条深深的巷子，用架子把火药探进去，人伏得远远的，将长长的药捻点燃。深远的寂静之后，只听轰的一声，再幽深的树怪，也尸骸散地了。

我们餐风宿露。今年可以看到去年被掘走红柳的沙丘，好像做了眼球摘除术的伤员，依旧大睁着空洞的眼睑，怒向苍穹。但这触目惊心的景象不会持续太久，待到第三年，那沙丘已烟消云散，好像此地从来不曾生存过什么千年古木，堆聚过亿万颗沙砾。

听最近到过阿里的人讲，红柳林早已掘净烧光，连根须都烟消灰灭了。

有时深夜，我会突然想起那些高原上的原住民，它们的魂魄，如今栖息在何处云端？会想到那些曾经被固住的黄沙，是否已飘洒到世界各处？从屋顶上扬起的尘沙，通常会飞得十分遥远。

一、下列画线字的拼音有误的一项是（　　）。

A. 寥（liáo）寂　　镐（kào）头　　皱褶（zhé）
B. 谷穗（suì）　　訇（hōng）然　　铁锨（xiān）
C. 苍穹（qióng）　逶迤（wēi yí）　栖（qī）息
D. 镂（lòu）空　　遒（qiú）劲　　尸骸（hái）

二、作者着力描绘红柳形象，突出红柳在雪域高原的珍贵，突出其顽强的生命力和伟大的力量，仅仅是为了歌颂红柳吗？

三、本文的表达技巧有哪些？

4 哦，香雪

铁　凝

《哦，香雪》是女作家铁凝的成名作，创作于改革开放初期。这是一篇抒情意味很浓的短篇小说，描写了山村女孩香雪在家乡新辟的火车站上发生的故事，展现了山村姑娘淳朴可爱的心灵和积极追求文明、摆脱落后贫穷的迫切心理。小说涉及对落后与开放、传统美德与现代精神、工业文明与乡土情结等等关系的思考，具有很强的社会意义。

小说整体构思巧妙，语言精美，心理描写细致。对香雪这个主人公的塑造尤其成功。阅读课文，谈谈香雪留给你怎样的印象，小说什么地方又给了你特殊的体会。

如果不是有人发明了火车，如果不是有人把铁轨铺进深山，你怎么也不会发现台儿沟这个小村。它和它的十几户乡亲，一心一意掩藏在大山那深深的皱褶里，从春到夏，从秋到冬，默默地接受着大山任意给予的温存和粗暴。

然而，两根纤细、闪亮的铁轨延伸过来了。它勇敢地盘旋在山腰，又悄悄地试探着前进，弯弯曲曲，曲曲弯弯，终于绕到台儿沟脚下，然后钻进幽暗的隧道，冲向又一道山梁，朝着神秘的远方奔去。

不久，这条线正式营运，人们挤在村口，看见那绿色的长龙一路呼啸，挟带着来自山外的陌生、新鲜的清风，擦着台儿沟贫弱的脊背匆匆而过。它走得那样急忙，连车轮碾轧钢轨时发出的声音好像都在说：不停不停，不停不停！是啊，它有什么理由在台儿沟站脚呢，台儿沟有人要出远门吗？山外有人来台儿沟探亲访友吗？还是这里有石油储存，有金矿埋藏？台儿沟，无论从哪方面讲，都不具备挽留火车在它身边留步的力量。

可是，记不清从什么时候起，列车的时刻表上，还是多了"台儿沟"这一站。也许乘车的旅客提出过要求，他们中有哪位说话算数的人和台儿沟沾亲；也许是那个快乐的男乘务员发现台儿沟有一群十七八岁的漂亮姑娘，每逢列车疾驰而过，她们就成帮搭伙地站在村口，翘起下巴，贪婪、专注地仰望着火车。有人朝车厢指点，不时能听见她们由于互相捶打而发出的一两声娇嗔的尖叫；也许什么都不为，就因为台儿沟太小了，小得叫人心疼，就是钢筋铁骨的巨龙在它面前也不能昂首阔步，也不能不停下来。总之，台儿沟上了列车时刻表，每晚七点钟，由首都方向开往山西的这列火车在这里停留一分钟。

这短暂的一分钟，搅乱了台儿沟以往的宁静。从前，台儿沟人历来是吃过晚饭就钻被窝，他们仿佛是在同一时刻听到了大山无声的命令。于是，台儿沟那一小片石头房子在同一时刻忽然完全静止了，静得那样深沉、真切，好像在默默地向大山诉说着自己的虔诚。如今，台儿沟的姑娘们刚把晚饭端上桌就慌了神，她们心不在焉地胡乱吃几口，扔下碗就开始梳妆打扮。她们洗净蒙受了一天的黄土、风尘，露出粗糙、红润的面色，把头发梳得乌亮，然后就比赛着穿出最好的衣裳。有人换上过年时才穿的新鞋，有人还悄悄往脸上涂点胭脂。尽管火车到站时已经天黑，她们还是按照自己的心思，刻意斟酌着服饰和容貌。然后，她们就朝村口，朝火车经过的地方跑去。香雪总是第一个出门，隔壁的凤娇第二个就跟了出来。

七点钟，火车喘息着向台儿沟滑过来，接着一阵空哐乱响，车身震颤一下，才停住不动了。姑娘们心跳着涌上前去，像看电影一样，挨着窗口观望。只有香雪躲在后面，双手紧紧捂着耳朵。看火车，她跑在最前边；火车来了，她却缩到最后去了。她有点害怕它那巨大的车头，车头那么雄壮地喷吐着白雾，仿佛一口气就能把台儿沟吸进肚里。它那撼天动地的轰鸣也叫她感到恐惧。在它跟前，她简直像一叶没根的小草。

"香雪，过来呀，看！"凤娇拉过香雪向一个妇女头上指，她指的是那个妇女头上别着的那一排金圈圈。

"怎么我看不见？"香雪微微眯着眼睛。

"就是靠里边那个，那个大圆脸。看，还有手表哪，比指甲盖还小哩！"凤娇又有了新发现。

香雪不言不语地点着头，她终于看见了妇女头上的金圈圈和她腕上比指甲盖还要小的手表。但她也很快就发现了别的。"皮书包！"她指着行李架上一只普通的棕色人造革学生书包。这是那种连小城市都随处可见的学生书包。

尽管姑娘们对香雪的发现总是不感兴趣，但她们还是围了上来。

"呦，我的妈呀！你踩着我脚啦！"凤娇一声尖叫，埋怨着挤上来的一位姑娘。她老是爱一惊一乍的。

"你咋呼什么呀，是想叫那个小白脸和你搭话了吧？"被埋怨的姑娘也不示弱。

"我撕了你的嘴！"凤娇骂着，眼睛却不由自主地朝第三节车厢的车门望去。

那个白白净净的年轻乘务员真下车来了。他身材高大，头发乌黑，说一口漂亮的北京话。也许因为这点，姑娘们私下里都叫他"北京话"。"北京话"双手抱住胳膊肘，和她们站得不远不近地说："喂，我说小姑娘们，别扒窗户，危险！"

"呦，我们小，你就老了吗？"大胆的凤娇回敬了一句。姑娘们一阵大笑，不知谁还把凤娇往前一搡，弄得她差点撞在他身上，这一来反倒更壮了凤娇的胆，"喂，你们老呆在车上不头晕？"她又问。

"房顶子上那个大刀片似的，那是干什么用的？"又一个姑娘问。她指的是车厢里的电扇。

"烧水在哪儿？"

"开到没路的地方怎么办？"

"你们城里人一天吃几顿饭？"香雪也紧跟在姑娘们后面小声问了一句。

"真没治！""北京话"陷在姑娘们的包围圈里，不知所措地嘟囔着。

快开车了，她们才让出一条路，放他走。他一边看表，一边朝车门跑去，跑到门口，又扭头对她们说："下次吧，下次一定告诉你们！"他的两条长腿灵巧地向上一跨就上了车，接着一阵叽里哐啷，绿色的车门就在姑娘们面前沉重地合上了。列车一头扎进黑暗，把她们撇在冰冷的铁轨旁边。很久，她们还能感觉到它那越来越轻的震颤。

一切又恢复了寂静，静得叫人惆怅。姑娘们走回家去，路上总要为一点儿小事争论不休：

"谁知道别在头上的金圈圈是几个？"

"八个。"

"九个。"

"不是！"

"就是！"

"凤娇你说哪？"

"她呀，还在想'北京话'哪！"有人开起了凤娇的玩笑。

"去你的，谁说谁就想。"凤娇说着捏了一下香雪的手，意思是叫香雪帮腔。

香雪没说话，慌得脸都红了。她才十七岁，还没学会怎样在这种事上给人家帮腔。

"他的脸多白呀！"那个姑娘还在逗凤娇。

"白？还不是在那大绿屋里捂的。叫他到咱台儿沟住几天试试。"有人在黑影里说。

"可不，城里人就靠捂。要论白，叫他们和咱们香雪比比。咱们香雪，天生一副好皮子，再照火车上那些闺女的样儿，把头发烫成弯弯绕，啧啧！'真没治'！凤娇姐，你说是不是？"

凤娇不接茬儿，松开了香雪的手。好像姑娘们真的在贬低她的什么人一样，她心里真有点儿替他抱不平呢。不知怎么的，她认定他的脸绝不是捂白的，那是天生的。

香雪又悄悄把手送到凤娇手心里，她示意凤娇握住她的手，仿佛请求凤娇的宽恕，仿佛是她使凤娇受了委屈。

"凤娇，你哑巴啦？"还是那个姑娘。

"谁哑巴啦！谁像你们，专看人家脸黑脸白。你们喜欢，你们可跟上人家走啊！"凤娇的嘴巴很硬。

"我们不配！"

"你担保人家没有相好的？"

……

不管在路上吵得怎样厉害，分手时大家还是十分友好的，因为一个叫人兴奋的念头又在她们心中升起：明天，火车还要经过，她们还会有一个美妙的一分钟。和它相比，闹点小别扭还算回事吗？

哦，五彩缤纷的一分钟，你饱含着台儿沟的姑娘们多少喜怒哀乐！

日久天长，这五彩缤纷的一分钟，竟变得更加五彩缤纷起来。就在这个一分钟里，她们开始挎上装满核桃、鸡蛋、大枣的长方形柳条篮子，站在车窗下，抓紧时间跟旅客和和气气地做买卖。她们踮着脚尖，双臂伸得直直的，把整筐的鸡蛋、红枣举上窗口，换回台儿沟少见的挂面、火柴，以及属于姑娘们自己的发卡、香皂。有时，有人还会冒着回家挨骂的风险，换回花色繁多的纱巾和能松能紧的尼龙袜。

凤娇好像是大家有意分配给那个"北京话"的，每次都是她提着篮子去找他。她和他做买卖故意磨磨蹭蹭，车快开时才把整篮的鸡蛋塞给他。要是他先把鸡蛋拿走，下次见面时再付钱，那就更够意思了。如果他给她捎回一捆挂面、两条纱巾，凤娇就一定抽回一斤挂面还给他。她觉得，只有这样才对得起和他的交往，她愿意这种交往和一般的做买卖有区别。有时她也想起姑娘们的话："你担保人家没有相好的？"其实，有没有相好的不关凤娇的事，她又没想过跟他走，可她愿意对他好，难道非得是相好的才能这么做吗？

香雪平时话不多，胆子又小，但做起买卖却是姑娘中最顺利的一个。旅客们爱买她的货，因为她是那么信任地瞧着你，那洁如水晶的眼睛告诉你，站在车窗下的这个女孩子还不知道什么叫受骗。她还不知道怎么讲价钱，只说："你看着给吧。"你望着她那洁净得仿佛一分钟前才诞生的面孔，望着她那柔软得宛若红缎子似的嘴唇，心中会升起一种美好的感情。你不忍心跟这样的小姑娘要滑头，在她面前，再爱计较的人也会变得慷慨大度。

有时她也抓空儿向他们打听外面的事，打听北京的大学要不要台儿沟人，打听什么叫"配乐诗朗诵"（那是她偶然在同桌的一本书上看到的）。有一回她向一位戴眼镜的中年妇女打听能自动开关的铅笔盒，还问到它的价钱。谁知没等人家回话，车已经开动了。她追着它跑了好远，当秋风和车轮的呼啸一同在她耳边鸣响时，她才停下脚步意识

到，自己的行为是多么可笑啊。

火车眨眼间就无影无踪了。姑娘们围住香雪，当她们知道她追火车的原因后，便觉得好笑起来。

"傻丫头！"

"值不当的！"

她们像长者那样拍着她的肩膀。

"就怪我磨蹭，问慢了。"香雪可不认为这是一件值不当的事，她只是埋怨自己没抓紧时间。

"咳，你问什么不行呀！"凤娇替香雪挎起篮子说。

"谁叫咱们香雪是学生呢。"也有人替香雪分辩。

也许就因为香雪是学生吧，是台儿沟唯一考上初中的人。

台儿沟没有学校，香雪每天上学要到十五里以外的公社。尽管不爱说话是她的天性，但和台儿沟的姐妹们总是有话可说的。公社中学可就没那么多姐妹了，虽然女同学不少，但她们的言谈举止，一个眼神，一声轻轻的笑，好像都是为了叫香雪意识到，她是小地方来的，穷地方来的。她们故意一遍又一遍地问她："你们那儿一天吃几顿饭？"她不明白她们的用意，每次都认真地回答："两顿。"然后又友好地瞧着她们反问道："你们呢？"

"三顿！"她们每次都理直气壮地回答。之后，又对香雪在这方面的迟钝感到说不出的怜悯和气恼。

"你上学怎么不带铅笔盒呀？"她们又问。

"那不是吗。"香雪指指桌角。

其实，她们早知道桌角那只小木盒就是香雪的铅笔盒，但她们还是做出吃惊的样子。每到这时，香雪的同桌就把自己那只宽大的泡沫塑料铅笔盒摆弄得哒哒乱响。这是一只可以自动合上的铅笔盒。很久以后，香雪才知道它所以能自动合上，是因为铅笔盒里包藏着一块不大不小的吸铁石。香雪的小木盒呢，尽管那是当木匠的父亲为她考上中学特意制作的，它在台儿沟还是独一无二的呢，可在这儿，和同桌的铅笔盒一比，为什么显得那样笨拙、陈旧？它在一阵哒哒声中有几分羞涩地畏缩在桌角上。

香雪的心再也不能平静了，她好像忽然明白了同学对于她的再三盘问，明白了台儿沟是多么贫穷。她第一次意识到这是不光彩的，因为贫穷，同学才敢一遍又一遍地盘问她。她盯住同桌那只铅笔盒，猜测它来自遥远的大城市，猜测它的价值肯定非同寻常。三十个鸡蛋换得来吗？还是四十个、五十个？这时她的心又忽地一沉：怎么想起这些了？娘攒下鸡蛋，不是为了叫她乱打主意啊！可是，为什么那诱人的哒哒声老是在耳边响个没完？

深秋，山风渐渐凛冽了，天也黑得越来越早。但香雪和她的姐妹们对于七点钟的火车，是照等不误的。她们可以穿起花棉袄了，凤娇头上别起了淡粉色的有机玻璃发卡，有些姑娘的辫梢还缠上了夹丝橡皮筋。那是她们用鸡蛋、核桃从火车上换来的。她们仿照火车上那些城里姑娘的样子把自己武装起来，整齐地排列在铁路旁，像是等待欢迎远方的贵宾，又像是准备着接受检阅。

火车停了，发出一阵沉重的叹息，像是在抱怨着台儿沟的寒冷。今天，它对台儿沟表现了少有的冷漠：车窗全部紧闭着，旅客在黄昏的灯光下喝茶、看报，没有人向窗外瞥一眼。那些眼熟的、常跑这条线的人们，似乎也忘记了台儿沟的姑娘。

凤娇照例跑到第三节车厢去找她的"北京话"，香雪系紧头上的紫红色线围巾，把臂弯里的篮子换了换手，也顺着车身不停地跑着。她尽量高高地踮起脚尖，希望车厢里的人能看见她的脸。车上一直没有人发现她，她却在一张堆满食品的小桌上，发现了渴望已久的东西。它的出现，使她再也不想往前走了，她放下篮子，心跳着，双手紧紧扒住窗框，认清了那真是一只铅笔盒，一只装有吸铁石的自动铅笔盒。它和她离得那样近，如果不是隔着玻璃，她一伸手就可以摸到。

一位中年女乘务员走过来拉开了香雪。香雪挎起篮子站在远处继续观察。当她断定它属于靠窗的那位女学生模样的姑娘时，就果断地跑过去敲起了玻璃。女学生转过脸来，看见香雪臂弯里的篮子，抱歉地冲她摆了摆手，并没有打开车窗的意思。不知怎么的她就朝车门跑去，当她在门口站定时，还一把攥住了扶手。如果说跑的时候她还有点犹豫，那么从车厢里送出来的一阵阵温馨的、火车特有的气息却坚定了她的信心，她学着"北京话"的样子，轻巧地跃上了踏板。她打算以最快的速度跑进车厢，以最快的速度用鸡蛋换回铅笔盒。也许，她所以能够在几秒钟内就决定上车，正是因为她拥有那么多鸡蛋吧，那是四十个。

香雪终于站在火车上了。她挽紧篮子，小心地朝车厢迈出了第一步。这时，车身忽然悸动了一下，接着，车门被人关上了。当她意识到眼前发生了什么事时，列车已经缓缓地向台儿沟告别了。香雪扑在车门上，看见凤娇的脸在车下一晃。看来这不是梦，一切都是真的，她确实离开姐妹们，站在这又熟悉、又陌生的火车上了。她拍打着玻璃，冲凤娇叫喊："凤娇！我怎么办呀，我可怎么办呀！"

列车无情地载着香雪一路飞奔，台儿沟刹那间就被抛在后面了。下一站叫西山口，西山口离台儿沟三十里。

三十里，对于火车、汽车真的不算什么，西山口在旅客们闲聊之中就到了。这里上车的人不少，下车的只有一位旅客，那就是香雪。她胳膊上少了那只篮子，她把它塞到那个女学生座位下面了。

在车上，当她红着脸告诉女学生，想用鸡蛋和她换铅笔盒时，女学生不知怎么地也红了脸。她一定要把铅笔盒送给香雪，还说她住在学校吃食堂，鸡蛋带回去也没法吃。她怕香雪不信，又指了指胸前的校徽，上面果真有"矿冶学院"几个字。香雪却觉着她在哄她，难道除了学校她就没家吗？香雪一面摆弄着铅笔盒，一面想着主意。台儿沟再穷，她也从没白拿过别人的东西。就在火车停顿前发出的几秒钟的震颤里，香雪还是猛

然把篮子塞到女学生的座位下面，迅速离开了。

　　车上，旅客们曾劝她在西山口住上一夜再回台儿沟。热情的"北京话"还告诉她，他爱人有个亲戚就住在站上。香雪没住，更不打算去找"北京话"的什么亲戚，他的话倒更使她感到了委屈，她替凤娇委屈，替台儿沟委屈。她只是一心一意地想：赶快走回去，明天理直气壮地去上学，理直气壮地打开书包，把"它"摆在桌上。车上的人既不了解火车的呼啸曾经怎样叫她像只受惊的小鹿那样不知所措，更不了解山里的女孩子在大山和黑夜面前到底有多大本事。

　　列车很快就从西山口车站消失了，留给她的又是一片空旷。一阵寒风扑来，吸吮着她单薄的身体。她把滑到肩上的围巾紧裹在头上，缩起身子在铁轨上坐了下来。香雪感受过各种各样的害怕，小时候她怕头发，身上沾着一根头发择不下来，她会急得哭起来；长大了她怕晚上一个人到院子里去，怕毛毛虫，怕被人胳肢（凤娇最爱和她来这一手）。现在她害怕这陌生的西山口，害怕四周黑幽幽的大山，害怕叫人心惊肉跳的寂静；当风吹响近处的小树林时，她又害怕小树林发出的窸窸窣窣的声音。三十里，一路走回去，该路过多少大大小小的林子啊！

　　一轮满月升起来了，照亮了寂静的山谷、灰白的小路；照亮了秋日的败草、粗糙的树干，还有一丛丛荆棘、怪石，还有满山遍野那树的队伍，还有香雪手中那只闪闪发光的小盒子。

　　她这才想到把它举起来仔细端详。她想，为什么坐了一路火车，竟没有拿出来好好看看？现在，在皎洁的月光下，她才看清了它是淡绿色的，盒盖上有两朵洁白的马蹄莲。她小心地把它打开，又学着同桌的样子轻轻一拍盒盖，"哒"的一声，它便合得严严实实。她又打开盒盖，觉得应该立刻装点东西进去。她从兜里摸出一只盛擦脸油的小盒放进去，又合上了盖子。只有这时，她才觉得这铅笔盒真属于她了，真的。她又想到了明天，明天上学时，她多么盼望她们会再三盘问她啊！

　　她站了起来，忽然感到心里很满意，风也柔和了许多。她发现月亮是这样明净。群山被月光笼罩着，像母亲庄严、神圣的胸脯；那秋风吹干的一树树核桃叶，卷起来像一树树金铃铛，她第一次听清它们在夜晚，在风的怂恿下"豁啷啷"地歌唱。她不再害怕了，在枕木上跨着大步，一直朝前走去。大山原来是这样的！月亮原来是这样的！核桃树原来是这样的！香雪走着，就像第一次认出养育她长大成人的山谷。台儿沟呢？不知怎么的，她加快了脚步。她急着见到它，就像从来没有见过它那样觉得新奇。台儿沟一定会是"这样的"：那时台儿沟的姑娘不再央求别人，也用不着回答人家的再三盘问。火车上的漂亮小伙子都会求上门来，火车也会停得久一些，也许三分、四分，也许十分、八分。它会向台儿沟打开所有的门窗，要是再碰上今晚这种情况，谁都能从从容容地下车。

　　今晚台儿沟发生了什么事？对了，火车拉走了香雪，为什么现在她像闹着玩儿似的去回忆呢？四十个鸡蛋没有了，娘会怎么说呢？爹不是盼望每天都有人家娶媳妇、聘闺女吗？那时他才有干不完的活儿，他才能光着红铜似的脊梁，不分昼夜地打出那些躺柜、碗橱、板箱,挣回香雪的学费。想到这儿,香雪站住了,月光好像也黯淡下来,脚下的枕木变成一片模糊。回去怎么说?她环视群山,群山沉默着;她又朝着近处的杨树林张望,杨树林窸窸窣窣地响着,并不真心告诉她应该怎么做。是哪来的流水声?她寻找着,发现离铁轨几米远的地方,有一道浅浅的小溪。她走下铁轨,在小溪旁边蹲了下来。她想起小时候有一回和凤娇在河边洗衣裳,碰见了一个换芝麻糖的老头。凤娇劝香雪拿一件旧汗褂换几块糖吃,还教她对娘说,那件衣裳不小心叫河水给冲走了。香雪很想吃芝麻糖,可她到底没换。她还记得,那老头真心实意等了她半天呢。为什么她会想起这件小事?也许现在应该骗娘吧,因为芝麻糖怎么也不能和铅笔盒的重要性相比。她要告诉娘,这是一个宝盒子,谁用上它,就能一切顺心如意,就能上大学、坐上火车到处跑,就能要什么有什么,就再也不会被人盘问她们每天吃几顿饭了。娘会相信的,因为香雪从来不骗人。

小溪的歌唱高昂起来了,它欢腾着向前奔跑,撞击着水中的石块,不时溅起一朵小小的浪花。香雪也要赶路了,她捧起溪水洗了把脸,又用沾着水的手抿光被风吹乱的头发。水很凉,但她觉得很精神。她告别了小溪,又回到了长长的铁路上。

前边又是什么?是隧道,它愣在那里,就像大山的一只黑眼睛。香雪又站住了,但她没有返回去,她想到怀里的铅笔盒,想到同学们惊羡的目光,那些目光好像就在隧道里闪烁。她弯腰拔下一根枯草,将草茎插在小辫里。娘告诉她,这样可以"避邪"。然后她就朝隧道跑去。确切地说,是冲去。

香雪越走越热了,她解下围巾,把它搭在脖子上。她走出了多少里?不知道。尽管草丛里的"纺织娘""油葫芦"总在鸣叫着提醒她。台儿沟在哪儿?她向前望去,她看见迎面有一颗颗黑点在铁轨上蠕动。再近一些她才看清,那是人,是迎着她走过来的人群。第一个是凤娇,凤娇身后是台儿沟的姐妹们。

香雪想快点跑过去,但腿为什么变得异常沉重?她站在枕木上,回头望着笔直的铁轨,铁轨在月亮的照耀下泛着清淡的光,它冷静地记载着香雪的路程。她忽然觉得心头一紧,不知怎么地就哭了起来,那是欢乐的泪水,满足的泪水。面对严峻而又温厚的大山,她心中升起一种从未有过的骄傲。她用手背抹净眼泪,拿下插在辫子里的那根草棍儿,然后举起铅笔盒,迎着对面的人群跑去。

山谷里突然爆发了姑娘们欢乐的呐喊,她们叫着香雪的名字,声音是那样奔放、热烈;她们笑着,笑得是那样不加掩饰,无所顾忌。古老的群山终于被感动得战栗了,它发出宽亮低沉的回音,和她们共同欢呼着。

哦,香雪!香雪!

课后训练

一、填空

铁凝,1957年生于北京,1975年于保定高中毕业后到河北博野农村插队。同年

(　　　　　)被收入北京出版社出版的儿童文学集,后被认定是其小说处女作。

1979年在保定《花山》编辑部任小说编辑,1982年发表短篇小说(　　　　　)之后声名鹊起。

二、指出下列句子的描写方法。

1. 谁也没提醒香雪,车门是开着的,不知怎么的她就朝车门跑去,当她在门口站定时,还一把攥住了扶手。

2. 现在她害怕这陌生的西山口,害怕四周黑幽幽的大山,害怕叫人心跳的寂静;当风吹响近处的小树林时,她又害怕小树林发出的窸窸窣窣的声音。

3. 她发现月亮是这样明净,群山被月光笼罩着,像母亲庄严、神圣的胸脯;那秋风吹干的一树树核桃叶,卷起来像一树树金铃铛。

三、"她多么盼望她们会再三盘问她啊!"香雪为什么希望同学们"盘问"她呢?这能体现她怎样的心情?

四、说一说本篇课文的写作背景。

5　项　　链

[法]　莫泊桑

小职员的妻子玛蒂尔德,为了体面地参加一场舞会,向朋友借了一挂项链。她在舞会上大出风头,但是把项链弄丢了。为了赔偿这挂项链,玛蒂尔德和丈夫辛勤工作了十年,终于还清了贷款。当他们如释重负,准备重新面对人生时,玛蒂尔德得知,那一挂借来的项链竟然是假的。

本篇小说是法国著名作家莫泊桑的代表作之一,情节引人入胜,结尾出乎意料,蕴含着很多值得人们思考的内容。通读全文,与同学们讨论,是哪些因素造成了玛蒂尔德的不幸?本篇作品写作技巧高超,尤其是心理描写和铺垫暗示,匠心独运。结合课文,分析人物形象,感受作者的构思方式和语言运用技巧。

她也是一个美丽动人的姑娘,好像由于命运的差错,生在一个小职员的家里。她没有陪嫁的资产,也没有什么法子让一个有钱的体面人认识她,了解她,爱她,娶她,最后只得跟教育部的一个小书记结了婚。

她不能够讲究打扮,只好穿得朴朴素素,但是她觉得很不幸,好像这降低了她的身份似的。因为在妇女,美丽、丰韵、娇媚,就是她们的出身;天生的聪明、优美的资质、温柔的性情,就是她们唯一的资格。

她觉得她生来就是为着过高雅和奢华的生活,因此她不断地感到痛苦。住宅的寒伧、墙壁的黯淡、家具的破旧、衣料的粗陋,都使她苦恼。这些东西,在别的跟她一样地位的妇人也许不会挂在心上,然而她却因此痛苦,因此伤心。她看着那个替她做琐碎家事的勃雷大涅省的小女仆,心里就引起悲哀的感慨和狂乱的梦想。她梦想那些幽静的厅堂,那里装饰着东方的帷幕,点着高脚的青铜灯,还有两个穿短裤的仆人,躺在宽大的椅子里,被暖炉的热气烘得打盹儿;她梦想那些宽敞的客厅,那里张挂着古式的壁衣,陈设着精巧的木器、珍奇的古玩;她梦想那些华美的香气扑鼻的小客室,在那里,下午五点钟的时候,她跟最亲密的男朋友闲谈,或者跟那些一般女人所最仰慕最乐于结识的男子闲谈。

每当她在铺着一块三天没洗的桌布的圆桌边坐下来吃晚饭的时候,对面,她的丈夫揭开汤锅的盖子,带着惊喜的神气说:"啊!好香的肉汤!再没有比这更好的了!……"这时候,她就梦想到那些精美的晚餐,亮晶晶的银器;梦想到那些挂在墙上的壁衣,上面绣着古装人物,仙境般的园林,奇异的禽鸟;梦想到盛在名贵的盘碟里的佳肴;梦想到一边吃着粉红色的鲈鱼或者松鸡翅膀,一边带着迷人的微笑听客人密谈。

她没有漂亮服装,没有珠宝,什么也没有。然而她偏偏只喜爱这些,她觉得自己生在世上就是为了这些。她一向就向往着得人欢心,被人艳羡,具有诱惑力而被人追求。

她有一个有钱的女朋友,是教会女校的同学,可是她再也不想去看望她了,因为看望回来就会感到十分痛苦。由于伤心、悔恨、失望、困苦,她常常整日地哭好几天。

然而,有一天傍晚,她丈夫得意洋洋地回家来,手里拿着一个大信封。

"看呀,"他说,"这里有点东西给你。"

她高高兴兴地拆开信封,抽出一张请柬,上面印着这些字:

教育部部长乔治·郎伯诺及夫人,恭请路瓦栽先生与夫人于1月18日(星期一)光临教育部礼堂,参加夜会。

她不像她丈夫预料的那样高兴,她懊恼地把请柬丢在桌上,咕哝着:

"你叫我拿着这东西怎么办呢?"

"但是,亲爱的,我原以为你一定很喜欢的。你从来不出门,这是一个机会,这个,一个好机会!我费了多大力气才弄到手。大家都希望得到,可是很难得到,一向很少发给职员。你在那儿可以看见所有的官员。"

她用恼怒的眼睛瞧着他,不耐烦地大声说:

"你打算让我穿什么去呢?"

他没有料到这个,结结巴巴地说:

"你上戏园子穿的那件衣裳,我觉得就很好,依我……"

他住了口,惊惶失措,因为看见妻子哭起来了,两颗大大的泪珠慢慢地顺着眼角流到嘴角来了。他吃吃地说:

"你怎么了?你怎么了?"

她费了很大的力,才抑制住悲痛,擦干她那润湿的两腮,用平静的声音回答:

"没有什么。只是,没有件像样的衣服,我不能去参加这个夜会。你的同事,谁的妻子打扮得比我好,就把这请柬送给谁去吧。"

他难受了,接着说:

"好吧,玛蒂尔德。做一身合适的衣服,你在别的场合也能穿,很朴素的,得多少钱呢?"

她想了几秒钟,合计出一个数目,考虑到这个数目可以提出来,不会招致这个俭省的书记立刻的拒绝和惊骇的叫声。

末了,她迟疑地答道:

"准数呢,我不知道,不过我想,有四百法郎就可以办到。"

他脸色有点发白了。他恰好存着这么一笔款子,预备买一杆猎枪,好在夏季的星期天,跟几个朋友到南代尔平原去打云雀。

然而他说:

"就这样吧,我给你四百法郎。不过你得把这件长衣裙做得好看些。"

夜会的日子近了,但是路瓦栽夫人显得郁闷、不安、忧愁。她的衣服却做好了。她丈夫有一天晚上对她说:

"你怎么了?看看,这三天来你非常奇怪。"

她回答说:

"叫我发愁的是一粒珍珠、一块宝石都没有,没有什么戴的。我处处带着穷酸气,很不想去参加这个夜会。"

他说:

"戴上几朵鲜花吧。在这个季节里,这是很时新的。花十个法郎,就能买两三朵别致的玫瑰。"

她还是不依。

"不成,……在阔太太中间露穷酸相,再难堪也没有了。"

她丈夫大声说:

"你多么傻呀!去找你的朋友佛来思节夫人,向她借几样珠宝。你跟她很有交情,这点事满可以办到。"

她发出惊喜的叫声。

"真的!我倒没想到这个。"

第二天,她到她的朋友家里,说起自己的烦闷。

佛来思节夫人走近她那个镶着镜子的衣柜，取出一个大匣子，拿过来打开了，对路瓦栽夫人说：

"挑吧，亲爱的。"

她先看了几副镯子，又看了一挂珍珠项圈，随后又看了一个威尼斯式的镶着宝石的金十字架，做工非常精巧。她在镜子前边试这些首饰，犹豫不决，不知道该拿起哪件，放下哪件。她不断地问着：

"再没有别的了吗？"

"还有呢。你自己找吧，我不知道哪样合你的意。"

忽然她在一个青缎子盒子里发现一挂精美的钻石项链，她高兴得心也跳起来了。她双手拿着那项链发抖。她把项链绕着脖子挂在她那长长的高领上，站在镜前对着自己的影子出神好半天。

随后，她迟疑而焦急地问：

"你能借给我这件吗？我只借这一件。"

"当然可以。"

她跳起来，搂住朋友的脖子，狂热地亲她，接着就带着这件宝物跑了。

夜会的日子到了，路瓦栽夫人得到成功。她比所有的女宾都漂亮、高雅、迷人，她满脸笑容，兴高采烈。所有的男宾都注视她，打听她的姓名，求人给介绍；部里机要处的人员都想跟她跳舞，部长也注意她了。

她狂热地兴奋地跳舞，沉迷在欢乐里，什么都不想了。她陶醉于自己的美貌胜过一切女宾，陶醉于成功的光荣，陶醉在人们对她的赞美和羡妒所形成的幸福的云雾里，陶醉在妇女们所认为最美满最甜蜜的胜利里。

她是早晨四点钟光景离开的。她丈夫从半夜起就跟三个男宾在一间清冷的小客室里睡着了。那时候，这三个男宾的妻子也正舞得快活。

她丈夫把那件从家里带来预备给她临走时候加穿的衣服披在她的肩膀上。这是件朴素的家常衣服，这件衣服的寒伧味儿跟舞会上的衣服的豪华气派很不相称。她感觉到这一点，为了避免那些穿着珍贵皮衣的女人看见，想赶快逃走。

路瓦栽把她拉住，说：

"等一等，你到外边要着凉的。我去叫一辆马车来。"

但是她一点也不听，赶忙走下台阶。他们到了街上，一辆车也没看见，他们到处找，远远地看见车夫就喊。

他们在失望中顺着塞纳河走去，冷得发抖，终于在河岸上找着一辆拉晚儿的破马车。这种车，巴黎只有夜间才看得见；白天，它们好像自惭形秽，不出来。

车把他们一直拉到马丁街寓所门口，他们惆怅地进了门。在她，一件大事算是完了。她丈夫呢，就想着十点钟得到部里去。

她脱下披在肩膀上的衣服，站在镜子前边，为的是趁这荣耀的打扮还在身上，再端

详一下自己。但是,她猛然喊了一声。脖子上的钻石项链没有了。

她丈夫已经脱了一半衣服,就问:

"什么事情?"

她吓昏了,转身向着他说:

"我……我……我丢了佛来思节夫人的项链了。"

他惊惶失措地直起身子,说:

"什么!……怎么啦!……哪儿会有这样的事!"

他们在长衣裙褶里、大衣褶里寻找,在所有口袋里寻找,竟没有找到。

他问:

"你确实相信离开舞会的时候它还在吗?"

"是的,在教育部走廊上我还摸过它呢。"

"但是,如果是在街上丢的,我们总听得见声响。一定是丢在车里了。"

"是的,很可能。你记得车的号码吗?"

"不记得。你呢,你没注意吗?"

"没有。"

他们惊惶地面面相觑。末后,路瓦栽重新穿好衣服。

"我去",他说,"把我们走过的路再走一遍,看看会不会找着。"

他出去了。她穿着那件参加舞会的衣服,连上床睡觉的力气也没有,只是倒在一把椅子里发呆,精神一点也提不起来,什么也不想。

七点钟光景,她丈夫回来了。什么也没找着。

后来,他到警察厅去,到各报馆去,悬赏招寻,也到所有车行去找。总之,凡有一线希望的地方,他都去过了。

她面对着这不幸的灾祸,整天等候着,整天在惊恐的状态里。

晚上,路瓦栽带着瘦削苍白的脸回来了,一无所有。

"应该给你的朋友写信,"他说,"说你把项链的搭钩弄坏了,正在修理。这样,我们才有周转的时间。"

她照他说的写了封信。

过了一个星期,他们所有的希望都断绝了。

路瓦栽,好像老了五年,他决然说:

"应该想法赔偿这件首饰了。"

第二天,他们拿了盛项链的盒子,照着盒子上的招牌字号找到那家珠宝店。老板查看了许多账簿,说:

"太太,这挂项链不是我卖出的,我只卖出这个盒子。"

于是他们就从这家珠宝店到那家珠宝店,凭着记忆去找一挂同样的项链。两个人都愁苦不堪,快病倒了。

在皇宫街一家铺子里，他们看见一挂钻石项链，正跟他们找的那一挂一样，标价四万法郎。老板让了价，只要三万六千。

他们恳求老板，三天以内不要卖出去。他们又订了约，如果原来那一挂在二月底以前找着，那么老板可以拿三万四千收回这一挂。路瓦栽现有父亲遗留给他的一万八千法郎。其余的，他得去借。

他开始借钱了。向这个借1000法郎，向那个借500法郎，从这儿借五个路易，从那儿借三个路易。他签了好些债券，订了好些使他破产的契约。他跟许多放高利贷的人和各种不同国籍的放债人打交道。他顾不得后半世的生活了，冒险到处签着名，却不知道能保持信用不能。未来的苦恼，将要压在身上的残酷的贫困，肉体的苦楚，精神的折磨，在这一切的威胁之下，他把三万六千法郎放在商店的柜台上，取来那挂新的项链。

路瓦栽夫人送还项链的时候，佛来思节夫人带着一种不满意的神情对她说：

"你应当早一点还我，也许我早就要用它了。"

佛来思节夫人没有打开盒子。她的朋友正担心她打开盒子。如果她发觉是件代替品，她会怎样想呢？会怎样说呢？她不会把她的朋友当作一个贼吗？

路瓦栽夫人懂得穷人的艰难生活了。她一下子显出了英雄气概，毅然决然打定了主意。她要偿还这笔可怕的债务。她就设法偿还。她辞退了女仆，迁移了住所，租赁了一个小阁楼住下。

她懂得家里的一切粗笨活儿和厨房里的讨厌的杂事了。她刷洗杯盘碗碟，在那油腻的盆沿上和锅底上磨粗了她那粉嫩的手指。她用肥皂洗衬衣，洗抹布，晾在绳子上。每天早晨，她把垃圾从楼上提到街上，再把水从楼下提到楼上，走上一层楼，就站住喘气。她穿得像一个穷苦的女人，胳膊上挎着篮子，到水果店里，杂货店里，肉铺里，争价钱，受嘲骂，一个铜子一个铜子地节省她那艰难的钱。

月月都得还一批旧债，借一些新债，这样来延缓清偿的时日。

她丈夫一到晚上就给一个商人誊写账目，常常到了深夜还在抄写五个铜子一页的书稿。

这样的生活继续了十年。

第十年年底，债都还清了，连那高额的利息和利上加利滚成的数目都还清了。

路瓦栽夫人现在显得老了。她成了一个穷苦人家的粗壮耐劳的妇女了。她胡乱地挽着头发，歪斜地系着裙子，露着一双通红的手，高声大气地说着话，用大桶的水刷洗地板。但是有时候，她丈夫办公去了，她一个人坐在窗前，就回想起当年那个舞会来，那个晚上，她多么美丽，多么使人倾倒啊！

要是那时候没有丢掉那挂项链，她现在是怎样一个境况呢？谁知道呢？谁知道呢！人生是多么奇怪，多么变幻无常啊，极细小的一件事可以败坏你，也可以成全你！

有一个星期天，她到极乐公园去走走，舒散一星期来的疲劳。这时候，她忽然看见

一个妇人领着一个孩子在散步。原来就是佛来思节夫人,她依旧年轻,依旧美丽动人。

路瓦栽夫人无限感慨。她要上前去跟佛来思节夫人说话吗?当然,一定得去。而且现在她把债都还清,她完全可以告诉她了。为什么不呢?

她走上前去。

"你好,珍妮。"

那一个竟一点也不认识她了。一个平民妇人这样亲昵地叫她,她非常惊讶。她磕磕巴巴地说:

"可是……太太……我不知道……你一定是认错了。"

"没有错。我是玛蒂尔德·路瓦栽。"

她的朋友叫了一声:

"啊!……我可怜的玛蒂尔德,你怎么变成这样了!……"

"是的,多年不见面了,这些年来我忍受着许多苦楚,……而且都是因为你!……"

"因为我?……这是怎么讲的?"

"你一定记得你借给我的那挂项链吧,我戴了去参加教育部夜会的那挂。"

"记得。怎么样呢?"

"怎么样?我把它丢了。"

"哪儿的话!你已经还给我了。"

"我还给你的是另一挂,跟你那挂完全相同。你瞧,我们花了十年工夫,才付清它的代价。你知道,对于我们这样什么也没有的人,这可不是容易的啊!……不过事情到底了结了,我倒很高兴了。"

佛来思节夫人停下脚步,说:"你是说你买了一挂钻石项链赔我吗?"

"对呀。你当时没有看出来?简直是一模一样的啊。"

于是她带着天真的得意的神情笑了。

佛来思节夫人感动极了,抓住她的双手,说:

"唉!我可怜的玛蒂尔德!可是我那一挂是假的,至多值五百法郎!……"

一、填空

莫泊桑,19世纪后半叶法国杰出的批判现实主义作家,被誉为( )。1880年他的处女作( )一举成名,登上法国文坛。代表作品有《一生》、《漂亮朋友》、《项链》和《我的叔叔于勒》等,其中《漂亮朋友》又叫( ),《项链》原名叫( )。

二、作者说:"要是那时候没有丢掉那挂项链,她现在是怎样一个境况呢?谁知道呢？谁知道呢！"你知道吗？发挥你的想象，说一说如果没有丢掉项链，玛蒂尔德的生活会是什么样？她的人生悲剧能够避免吗？她能因那场令她出尽风头的夜会挤进上流社会吗？

三、找出小说中细腻描绘路瓦栽夫人心理活动的句子；以一两句为例，说说心理描写对刻画人物性格的作用。

四、情节是人物性格成长的历史，这篇小说的情节安排能印证这句话吗？小说的高潮在哪里？作者这样设计情节有什么好处？

五、说说你对玛蒂尔德这个人物的评价，要做到有理有据。

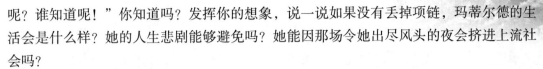

6　拿来主义

鲁　迅

　　在20世纪30年代，中国文化界在对待外国文化和古代文化遗产的问题上，产生了十分混乱的认识。针对这种状况，鲁迅先生鲜明地提出了自己的主张《拿来主义》："没有拿来，人不能自成为新人，没有拿来，文艺不能自成为新文艺。"

　　除了比喻论证外，又有先破后立的论证特点。作者先批判错误的态度，后提出正确的主张，环环相扣，充分学习这种方法，对学习掌握论证体裁有很大的帮助。

　　中国一向是所谓"闭关主义"，自己不去，别人也不许来。自从给枪炮打破了大门之后，又碰了一串钉子，到现在，成了什么都是"送去主义"了。别的且不说罢，单是学艺上的东西，近来就先送一批古董到巴黎去展览，但终"不知后事如何"；还有几位"大师"们捧着几张古画和新画，在欧洲各国一路的挂过去，叫作"发扬国光"。听说不远还要送梅兰芳博士到苏联去，以催进"象征主义"，此后是顺便到欧洲传道。我在这里不想讨论梅博士演艺和象征主义的关系，总之，活人替代了古董，我敢说，也可以算得显出一点进步了。

　　但我们没有人根据了"礼尚往来"的仪节，说道：拿来！

　　当然，能够只是送出去，也不算坏事情，一者见得丰富，二者见得大度。尼采就自诩过他是太阳,光热无穷,只是给与,不想取得。然而尼采究竟不是太阳,他发了疯。中国也不是,虽然有人说,掘起地下的煤来,就足够全世界几百年之用,但是,几百年之后呢?几百年之后,我们当然是化为魂灵,或上天堂,或落了地狱,但我们的子孙是在的,所以还应该给他们留下一点礼品。要不然,则当佳节大典之际,他们拿不出东西来,只好磕头贺喜,讨一点残羹冷炙做奖赏。

这种奖赏,不要误解为"抛来"的东西,这是"抛给"的,说得冠冕些,可以称之为"送来",我在这里不想举出实例。

我在这里也并不想对于"送去"再说什么,否则太不"摩登"了。我只想鼓吹我们再吝啬一点,"送去"之外,还得"拿来",是为"拿来主义"。

但我们被"送来"的东西吓怕了。先有英国的鸦片,德国的废枪炮,后有法国的香粉,美国的电影,日本的印着"完全国货"的各种小东西。于是连清醒的青年们,也对于洋货发生了恐怖。其实,这正是因为那是"送来"的,而不是"拿来"的缘故。

所以我们要运用脑髓,放出眼光,自己来拿!

譬如罢,我们之中的一个穷青年,因为祖上的阴功(姑且让我这么说说罢),得了一所大宅子,且不问他是骗来的,抢来的,或合法继承的,或是做了女婿换来的。那么,怎么办呢?我想,首先是不管三七二十一,"拿来"!但是,如果反对这宅子的旧主人,怕给他的东西染污了,徘徊不敢走进门,是孱头;勃然大怒,放一把火烧光,算是保存自己的清白,则是昏蛋。不过因为原是羡慕这宅子的旧主人的,而这回接受一切,欣欣然的蹩进卧室,大吸剩下的鸦片,那当然更是废物。"拿来主义"者是全不这样的。

他占有,挑选。看见鱼翅,并不就抛在路上以显其"平民化",只要有养料,也和朋友们像萝卜白菜一样地吃掉,只不用它来宴大宾;看见鸦片,也不当众摔在茅厕里,以见其彻底革命,只送到药房里去,以供治病之用,却不弄"出售存膏,售完即止"的玄虚。只有烟枪和烟灯,虽然形式和印度,波斯,阿剌伯的烟具都不同,确可以算是一种国粹,倘使背着周游世界,一定会有人看,但我想,除了送一点进博物馆之外,其余的是大可以毁掉的了。还有一群姨太太,也大以请她们各自走散为是,要不然,"拿来主义"怕未免有些危机。

总之,我们要拿来。我们要或使用,或存放,或毁灭。那么,主人是新主人,宅子也就会成为新宅子。然而首先要这人沉着,勇猛,有辨别,不自私。没有拿来的,人不能自成为新人,没有拿来的,文艺不能自成为新文艺。

一、填空

鲁迅,原名(　　　　），浙江绍兴人,是我国现代伟大的(　　　　)、

（　　　　）、（　　　　　　）。他一生有大量的创作，对我国现代文学的发展有巨大的影响。作品主要有短篇小说集（　　　　　）、（　　　　　）、（　　　　　　）；散文集（　　　　　）；散文诗集（　　　　　　）；以及大量的杂文集，如：《坟》、《而已集》、《二心集》、《华盖集》、《南腔北调集》、《且介亭杂文》等。

二、下面各组词语中画横线的字，注音全部正确的一组是（　　　　）。

A．糟粕(pò) 譬(pì)如 犀利(xī)
B．围剿(jiǎo) 嬉(xī)笑怒骂 宅（zāi)子
C．徘徊（huí) 剔（tī)除 吝啬(shè)
D．国粹(cuǐ) 象征(zhēng)主义 蹩(biě)进

三、下面各句中，无错别字的一句是（　　　　）。

A．这种奖赏，不要误解为"抛来"的东西，这是"抛给"的，说得冠冕些，可以称之为"送来"，我在这里不想举出实例。

B．要不然，则当佳节大典之际，他们拿不出东西来，只好磕头贺喜，讨一点残羹冷炙做奖赏。

C．所以我们要运用脑髓，放出眼光，自己来拿！

D．没有拿来的，人不能自成为新人，没有拿来的，文艺不能自成为新文艺。

四、说一说本文的写作背景。

致　橡　树

舒　婷

　　舒婷的《致橡树》，以女性的视角、丰沛的情感、韵律谐美的语言，直抒胸臆，谱写了一曲爱情宣言。全诗充满着时代气息和青春热情，在改革开放初期的社会背景下，无疑是先锋的、有震撼力的，也产生了长久的影响，一直为人们所喜爱。熟读全诗，尝试有感情地朗读，用心体会诗中所表达的内涵。

　　　　我如果爱你——
　　　　绝不像攀援的凌霄花

借你的高枝来炫耀自己；
我如果爱你——
绝不学痴情的鸟儿
为绿荫重复单调的歌曲；
也不止像泉源，
长年送来清凉的慰藉；
也不止像险峰，
增加你的高度，衬托你的威仪。
甚至日光，
甚至春雨，
不，这些都还不够！
我必须是你近旁的一株木棉，
作为树的形象和你站在一起。
根，紧握在地下；
叶，相触在云里。
每一阵风过，
我们都互相致意，
但没有人，
听懂我们的言语。
你有你的铜枝铁干，
像刀，像剑，
也像戟；
我有我红硕的花朵，
像沉重的叹息，
又像英勇的火炬。
我们分担寒潮、风雷、霹雳；
我们共享雾霭、流岚、虹霓，
仿佛永远分离，
却又终身相依。
这才是伟大的爱情，
坚贞就在这里：
爱——
不仅爱你伟岸的身躯，
也爱你坚持的位置，足下的土地。

一、填空

舒婷,原名龚佩瑜,1952年6月6日出生,福建人,当代(　　　　)。她的(　　　　　　　　)获1979至1980年全国优秀诗歌奖,(　　　　　　)是朦胧诗派的代表作之一,是诗人用一种内心独白方式表达新型爱情观的诗歌。

二、作者在第一部分通过意象否定了哪些世俗的爱情观?

三、结合本诗,说一说真正的爱情包含哪些内容呢?

四、背诵全诗。

 8　我愿意是急流

〔匈牙利〕裴多菲

匈牙利著名诗人裴多菲的代表作《我愿意是急流》,以男性的赤诚,勇敢地向恋人表白自己的爱情。诗中的主人公为自己的心上人可以奉献一切乃至生命,使人们为纯真的爱情所深深打动。

朗诵诗歌,体会诗中或缠绵或激烈的情感,把握诗中几个重要的意象,品味诗歌的深刻意蕴。

我愿意是急流,
山里的小河,
在崎岖的路上
岩石上经过……
只要我的爱人
是一条小鱼,
在我的浪花中,
快乐地游来游去。

我愿意是荒林,

在河流的两岸,
对一阵阵的狂风,
勇敢地作战……
只要我的爱人
是一只小鸟,
在我的稠密的
树枝间做窠,鸣叫。

我愿意是废墟,
在峻峭的山岩上,
这静默的毁灭
并不使我懊丧……
只要我的爱人
是青青的常春藤,
沿着我荒凉的额,
亲密地攀援上升。

我愿意是草屋,
在深深的山谷底,
草屋的顶上
饱受风雨的打击……
只要我的爱人
是可爱的火焰,
在我的炉子里,
愉快地缓缓闪现。

我愿意是云朵,
是灰色的破旗,
在广漠的空中,
懒懒地飘来荡去……
只要我的爱人,
是珊瑚似的夕阳,
傍着我苍白的脸,
显出鲜艳的辉煌。

一、填空题

1．裴多菲，19世纪（　　　　）诗人。《我愿意是急流》是裴多菲献给未婚妻尤丽娅的一首情诗。

2．"生命诚可贵，（　　　　　　）。（　　　　　　　　），二者皆可抛。"是《自由与爱情》中的诗句。

二、下列修辞手法中运用比喻的一项是（　　　）。

A．晋祠，真不愧为我国锦绣河山中一颗璀璨的明珠。

B．希特勒，墨索里尼，不都在人民面前倒下去了吗？

C．西湖，仿佛在半醒半睡。

D．千万条腿千万只眼，也不够我走来也不够我看！

三、下列各句，没有语病、句意明确的一句是（　　　）。

A．全厂职工讨论和听取了厂长关于改善经营管理的报告。

B．昨天，许多代表热情地在休息室里同他交谈。

C．开展批评和自我批评是端正党风、增强党的凝聚力的一种行之有效的方法。

D．三个学校的学生会干部在教导处开会，研究本学期第二课堂活动的开展问题。

四、诗中有哪些意象？可怎样概括分类？

五、背诵全诗。

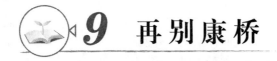

9　再别康桥

徐志摩

　　才华横溢的诗人徐志摩，在英国剑桥（即康桥）度过了大学岁月，留下了终生难忘的美好回忆。在诗人的心中，康桥的一切意象都是那么美，美到超凡脱俗，美到只有他能与之交流。

　　充满感情地朗读课文，体会徐志摩对母校的眷恋之情。除此之外，你还感受到了什么更深的情感？同时，学习诗歌的典型意象，体会诗人丰富生动的语言。徐志摩曾说，诗歌要有"语言美"、"韵律美"和"建筑美"，联系课文，想一想诗人是怎么运用这"三美"的。

轻轻的我走了，
正如我轻轻的来；
我轻轻的招手，
做别西天的云彩。

那河畔的金柳，
是夕阳中的新娘；
波光里的艳影，
在我的心头荡漾。

软泥上的青荇，
油油的在水底招摇；
在康河的柔波里，
我甘心做一条水草！

那榆荫下的一潭，
不是清泉，是天上虹；
揉碎在浮藻间，
沉淀着彩虹似的梦。

寻梦？撑一只长篙，
向青草更青处慢溯；
满载一船星辉，
在星辉斑斓里放歌。

但我不能放歌，
悄悄是离别的声萧；
夏虫也为我沉默，
沉默是今晚的康桥！

悄悄的我走了，
正如我悄悄的来；
我挥一挥衣袖，
不带走一片云彩。

一、《再别康桥》开头使用了三个"轻轻的",它们的妙处是_____。

二、比较《再别康桥》中的第一节与最后一节,他们(　　　)相似,(　　　)相同,作者将第一节的"(　　　　　　)"改为"(　　　　　　)",不仅没有重复之感,而且更富主观情趣,增添哀怨气氛。

三、找出《再别康桥》中的比喻句。

1. _____。
2. _____。

四、分析"但我不能放歌,悄悄是别离的笙箫;夏虫也为我沉默,沉默是今晚的康桥"是怎样细腻地表达诗人的感情的。

五、背诵全诗。

10 合 欢 树

史铁生

《合欢树》是一篇感人至深的怀人散文。作者以细腻的笔触,以时间为线索,回忆了母亲为自己付出的点点滴滴;以合欢树为物象,写它的由来和围绕它展开的生活故事。在行文中,我们不难感受到作者对于母亲的一片深情。

阅读课文,体会作者史铁生的散文风格,品味那种平淡、真实、富有感情的叙事笔调。掩卷沉思,我们也应该自省,在生活中,我们的母亲曾经付出了多少辛苦,又有多少人曾经给予我们关怀和帮助?我们是不是应该以无私的爱,回报天地之间一切有恩于我们的人?

十岁那年,我在一次作文比赛中得了第一。母亲那时候还年轻,急着跟我说她自己,说她小时候的作文做得还要好,老师甚至不相信那么好的文章会是她写的。"老师找到家来问,是不是家里的大人帮了忙。我那时可能还不到十岁呢。"我听得扫兴,故意笑:"可能?什么叫可能还不到?"她就解释。我装作根本不再注意她的话,对着墙打乒乓球,把她气得够呛。不过,我承认她聪明,承认她是世界上长得最好看的女的。

她正给自己做一条蓝地白花的裙子。

二十岁，我的两条腿残废了。除去给人家画彩蛋，我想我还应该再干点别的事，先后改变了几次主意，最后想学写作。母亲那时已不年轻，为了我的腿，她头上开始有了白发。医院已经明确表示，我的病目前没办法治。母亲的全副心思却还放在给我治病上，到处找大夫，打听偏方，花很多钱。她倒总能找来些稀奇古怪的药，让我吃，让我喝，或者是洗、敷、熏、灸。"别浪费时间啦！根本没用！"我说。我一心只想着写小说，仿佛那东西能把残废人救出困境。"再试一回，不试你怎么知道会没用？"她说，每一回都虔诚地抱着希望。然而对我的腿，有多少回希望就有多少回失望。最后一回，我的胯上被熏成烫伤。医院的大夫说，这实在太悬了，对于瘫痪病人，这差不多是要命的事。我倒没太害怕，心想死了也好，死了倒痛快。母亲惊惶了几个月，昼夜守着我，一换药就说："怎么会烫了呢？我还直留神呀！"幸亏伤口好起来，不然她非疯了不可。

后来她发现我在写小说。她跟我说："那就好好写吧。"我听出来，她对治好我的腿也终于绝望。"我年轻的时候也最喜欢文学，"她说，"跟你现在差不多大的时候，我也想过搞写作。"她说，"你小时的作文不是得过第一？"她提醒我说。我们俩都尽力把我的腿忘掉。她到处去给我借书，顶着雨或冒了雪推我去看电影，像过去给我找大夫、打听偏方那样，抱了希望。

三十岁时，我的第一篇小说发表了，母亲却已不在人世。过了几年，我的另一篇小说又侥幸获奖，母亲已经离开我整整七年。

获奖之后，登门采访的记者就多。大家都好心好意，认为我不容易。但是我只准备了一套话，说来说去就觉得心烦。我摇着车躲出去，坐在小公园安静的树林里，想：上帝为什么早早地召母亲回去呢？迷迷糊糊的，我听见回答："她心里太苦了。上帝看她受不住了，就召她回去。"我的心得到一点安慰，睁开眼睛，看见风正在树林里吹过。

我摇车离开那儿，在街上瞎逛，不想回家。

母亲去世后，我们搬了家。我很少再到母亲住过的那个小院儿去。小院儿在一个大院儿的尽里头，我偶尔摇车到大院儿去坐坐，但不愿意去那个小院儿，推说手摇车进去不方便。院儿里的老太太们还都把我当儿孙看，尤其想到我又没了母亲，但都不说，光扯些闲话，怪我不常去。我坐在院子当中，喝东家的茶，吃西家的瓜。有一年，人们终于又提到母亲："到小院儿去看看吧，你妈种的那棵合欢树今年开花了！"我心里一阵抖，还是推说手摇车进出太不易。大伙就不再说，忙扯些别的，说起我们原来住的房子里现在住了小两口，女的刚生了个儿子，孩子不哭不闹，光是瞪着眼睛看窗户上的树影儿。

我没料到那棵树还活着。那年，母亲到劳动局去给我找工作，回来时在路边挖了一棵刚出土的"含羞草"，以为是含羞草，种在花盆里长，竟是一棵合欢树。母亲从来喜欢那些东西，但当时心思全在别处。第二年合欢树没有发芽，母亲叹息了一回，还不舍得扔掉，依然让它长在瓦盆里。第三年，合欢树却又长出叶子，而且茂盛了。母亲高兴了很多天，以为那是个好兆头，常去侍弄它，不敢再大意。又过一年，她把合欢树移出盆，栽在窗前的地上，有时念叨，不知道这种树几年才开花。再过一年，我们搬了家，悲痛弄得我们都把那棵小树忘记了。

与其在街上瞎逛，我想，不如就去看看那棵树吧。我也想再看看母亲住过的那间房。我老记着，那儿还有个刚来到世上的孩子，不哭不闹，瞪着眼睛看树影儿。是那棵合欢树的影子吗？小院儿里只有那棵树。

院儿里的老太太们还是那么欢迎我，东屋倒茶，西屋点烟，送到我眼前。大伙都不知道我获奖的事，也许知道，但不觉得那很重要；还是都问我的腿，问我是否有了正式工作。这回，想摇车进小院儿真是不能了。家家门前的小厨房都扩大，过道窄到一个人推自行车进出也要侧身。我问起那棵合欢树。大伙说，年年都开花，长到房高了。这么说，我再看不见它了。我要是求人背我去看，倒也不是不行。我挺后悔前两年没有自己摇车进去看看。

我摇着车在街上慢慢走，不急着回家。人有时候只想独自静静地待一会儿，悲伤也成享受。

有一天那个孩子长大了，会想起童年的事，会想起那些晃动的树影儿，会想起他自己的妈妈，他会跑去看看那棵树。但他不会知道那棵树是谁种的，是怎么种的。

一、下列各句中没有错别字的一项是（ 　　）。

A. "再试一回，不试你怎么知道会没用？"她说，每一回都虔诚地抱着希望。

B. 医院的大夫说，这实在太悬了，对于摊换病人，这差不多是要命的事。

C. 过了几年，我的另一篇小说又饶幸获奖，母亲已离我整整七年了。

D. 母亲高兴了，很多天，以为那是个好照头，常去侍弄它，不敢再大意。

二、关于母亲，选文写了几件事，请分别加以概括。

三、用一段短文，抒写自己对母亲的爱与感激。

王　蒙

《善良》是一篇议论性散文。作者结合当代社会的现实，重新阐述了"善良"的重要性，批驳了一些对"善良"的错误认识。通读全文，你是否

已经被善良的伟大所感动？是否对我们内心纯真的人性有了更深的理解？希望同学们能够通过这篇理性的文章，更从心灵上感知"善良"，从行为上践行"善良"，走好人生的每一步路。

善良似乎是一个早就过了时的字眼。在生存竞争中，在阶级斗争中，在各种各样的人际关系中，利益原则与实力原则似乎早已代替了道德原则。

我们当然也知道某些情况下一味善良的不足恃。我们听过不少关于善良即愚蠢的寓言故事。东郭先生，农夫与蛇，善良的农夫与东郭先生是多么可笑呀。故事告诉我们，如果你的对象是狼或者蛇，善良就是自取灭亡，善良就是死了活该，善良就是帮助恶狼或是毒蛇，善良就是白痴。

但我们也不妨想一想，那些需要帮助的人当中，那些等待着向他们伸出善良的援助之手的冻僵者或是重伤者当中，有多大比例是毒蛇或者恶狼。我们还要问，宇宙万物中，有多大比例是毒蛇和恶狼。为了有限的毒蛇和恶狼而不惜将一切视为毒蛇和恶狼，不惜以对付毒蛇和恶狼的法则为自己的圭臬，请问这是一种什么疾病？

我们还可以问一下，我们以对待毒蛇和恶狼的态度对待过的那些倒霉蛋当中又有多少人是经得住时间考验的当真的毒蛇和恶狼。如果说，面对毒蛇和恶狼而一味善良便是糊涂的农夫或东郭先生，那么面对并非毒蛇或恶狼的人却坚决以对待毒蛇或恶狼的态度对待之，我们成了什么呢？是不是我们自己有点向蛇或狼靠拢呢？

善良与凶恶相对的时候，前者显得是多么稚弱而后者显得是多么强大呀。凶恶会毫不犹豫地向着善良伸出毒手，而善良却处于不设防乃至不抵抗的地位。凶恶是无所不为的，凶恶因而拥有各种各样的武器。而善良是有所不为的，善良的武器比凶恶少得多。善良常常败在凶恶手下。

然而人们还是喜欢善良，欢迎善良，向往善良。善良才有幸福，善良才能和平愉快地彼此相处，善良才能把精力集中在建设性的有意义的事情上，善良才能摆脱没完没了的恶斗与自我消耗，善良才能实现健康的起码是正常的局面，善良才能天下太平。

这就是善良的力量。善良的力量就在于她是人的。她属于人，她属于历史属于文明属于理性属于科学。她属于更文明更高尚更发展得良好的人。她属于更文明更民主更发展更富强的社会。

凶恶每"战胜"一次善良就把自己压缩了一次，因为它宣告了自己的丑恶。善良每败于凶恶一次，就把自己弘扬了一次，因为它宣扬了自己的光明。

善良也是一种智慧，是一种远见，是一种自信，是一种精神力量，是一种以逸待劳的沉稳，是一种文化，是一种快乐、一种乐观。

善良可以与天真也可以与成熟的超拔联系在一起。多数情况下善良之不为恶非不能也，是不为也。善良的人不是不会自卫和抗争，只是不滥用这种"正当防卫"的权利罢了。往往是这样，小孩子是善良的，真正参透了人生与世界的强大的人也是善良的，而一瓶子不满半瓶子晃荡的人最不善良。

君子坦荡荡,小人常戚戚。恶人更是常常四面楚歌,如临大敌,其鸣也凄厉,其行也荒唐,其和也寡,其心也惶惶。而善良者微笑着面对现实,永远不丧失对于世界和人类、祖国、友人、理想的信心。

我喜欢善良。我不喜欢凶恶。我认为即使自以为是百分之百地代表着真理和正义也不应该滥恶,滥恶本身就不是正义了。我相信,国人终归会愈来愈善良而不是相反。例如"文化大革命"当中,凶恶不是已经出尽风头了么?凶恶不是已经披尽了"迷彩服"了么?后来又怎么样了呢?

一、填空题

1. 王蒙,当代作家,十九岁写出第一篇长篇小说(　　　　　　)一举成名。1956年发表短篇小说(　　　　　　)并因此被错划为右派。1958年后在京郊劳动改造。1962年调北京师范学院任教。1963年起赴新疆生活、工作了16年。1978年调北京市作协工作。后任(　　　　　　)主编、中国作协副主席、中共中央委员、文化部长、国际笔会中心中国分会副会长等职。

2. 文章运用大量的(　　　　　　)和(　　　　　　)等修辞,语言精辟有力,耐人寻味。

3. 论证时运用了(　　　　)、(　　　　　　)、(　　　　　　)等方法,充分显示出论证的力量。学习中要注意揣摩与借鉴。

二、把"君子坦荡荡,小人常戚戚"一句扩展为不少于50字的一段话。

朱自清

《荷塘月色》写于1927年7月,这一年中国发生了"四·一二"和"七·一五"反革命大屠杀,中国革命转入了低潮。具有民主主义思想的朱自清先生处于彷徨和苦闷中。

带着"颇不宁静"的心情,到宁静的荷塘寻找"宁静"。作者的细腻的笔触寓情于景,情景交融,表达了心中难以排遣的极度矛盾与痛苦。

行文之中朴素典雅,清新隽永。无论是荷塘、荷叶,还是月光,描写得细致入微,呼之欲出。特别是通感的运用,更是独具匠心,在阅读中需要认真加以体会。

这几天心里颇不宁静。今晚在院子里坐着乘凉,忽然想起日日走过的荷塘,在这满月的光里,总该另有一番样子吧。月亮渐渐地升高了,墙外马路上孩子们的欢笑,已经听不见了;妻在屋里拍着闰儿,迷迷糊糊地哼着眠歌。我悄悄地披了大衫,带上门出去。

沿着荷塘,是一条曲折的小煤屑路。这是一条幽僻的路;白天也少人走,夜晚更加寂寞。荷塘四面,长着许多树,蓊蓊郁郁的。路的一旁,是些杨柳,和一些不知道名字的树。没有月光的晚上,这路上阴森森的,有些怕人。今晚却很好,虽然月光也还是淡淡的。

路上只我一个人,背着手踱着。这一片天地好像是我的;我也像超出了平常的自己,到了另一世界里。我爱热闹,也爱冷静;爱群居,也爱独处。像今晚上,一个人在这苍茫的月下,什么都可以想,什么都可以不想,便觉是个自由的人。白天里一定要做的事,一定要说的话,现在都可不理。这是独处的妙处,我且受用这无边的荷香月色好了。

曲曲折折的荷塘上面,弥望的是田田的叶子。叶子出水很高,像亭亭的舞女的裙。层层的叶子中间,零星地点缀着些白花,有袅娜地开着的,有羞涩地打着朵儿的;正如一粒粒的明珠,又如碧天里的星星。微风过处,送来缕缕清香,仿佛远处高楼上渺茫的歌声似的。这时候叶子与花也有一丝的颤动,像闪电般,霎时传过荷塘的那边去了。叶子本是肩并肩密密地挨着,这便宛然有了一道凝碧的波痕。叶子底下是脉脉的流水,遮住了,不能见一些颜色;而叶子却更见风致了。

月光如流水一般,静静地泻在这一片叶子和花上。薄薄的青雾浮起在荷塘里。叶子和花仿佛在牛乳中洗过一样;又像笼着轻纱的梦。虽然是满月,天上却有一层淡淡的云,所以不能朗照;但我以为这恰是到了好处——酣眠固不可少,小睡也别有风味的。月光是隔了树照过来的,高处丛生的灌木,落下参差的斑驳的黑影;弯弯的杨柳的稀疏的倩影,却又像是画在荷叶上。塘中的月色并不均匀;但光与影有着和谐的旋律,如梵婀玲上奏着的名曲。

荷塘的四面,远远近近,高高低低都是树,而杨柳最多。这些树将一片荷塘重重围住;只在小路一旁,漏着几段空隙,像是特为月光留下的。树色一例是阴阴的,乍看像一团烟雾;但杨柳的丰姿,便在烟雾里也辨得出。树梢上隐隐约约的是一带远山,只有些大意罢了。树缝里也漏着一两点路灯光,没精打采的,是渴睡人的眼。这时候最热闹的,要数树上的蝉声与水里的蛙声;但热闹是他们的,我什么也没有。

忽然想起采莲的事情来了。采莲是江南的旧俗,似乎很早就有,而六朝时为盛;从诗歌里可以约略知道。

于是又记起《西洲曲》里的句子:

采莲南塘秋,莲花过人头;低头弄莲子,莲子青如水。

今晚若有采莲人，这儿的莲花也算得"过人头"了；只不见一些流水的影子，是不行的。这令我到底惦着江南了。——这样想着，猛一抬头，不觉已是自己的门前；轻轻地推门进去，什么声息也没有，妻已睡熟好久了。

1927年7月，北京清华园

一、填空

朱自清，原名（　　　　　），字佩弦，号秋实，他的长诗是（　　　　　　　），诗集是（　　　　　　），第一本散文集是（　　　　　　　　）。我们还学过他的散文如（　　　　　　）、（　　　　　　　）等。

二、下列各句中与其他三句修辞方法不同的一项是（　　　　）。

A．微风过处，送来缕缕清香，仿佛远处高楼上渺茫的歌声似的。

B．光与影有着和谐的旋律，如梵婀玲上奏着的名曲。

C．突然是绿茸茸的草坂，像一支充满幽情的乐曲。

D．树色一例是阴阴的，乍看像一团烟雾。

三、选出没有语病的一句是（　　　　）。

A．早晨八时，随着一声枪响，参加"迎新春万人环城长跑赛"的同学们在环城公路上飞快地驰骋着。

B．"两会"期间，人大代表和政协委员们还参观了红桥村研制饲料、科学养猪的经验。

C．256次列车运行途中，广播点歌、宣读家书等活动丰富多彩，车厢里一派欢乐、祥和的气氛。

D．人们精神面貌从来没有像今天这样焕发，干劲十足。

四、背诵课文第四自然段。

13　画里阴晴

吴冠中

"诗中有画、画中有诗"是传统国画高境界的一种表现，作者用诗一般

的笔触，叙写了自己对"阴"的画面观感的喜爱和自己对于美的认识。字里行间，充满了传统情调，又蕴藏着现代的知识性。阅读课文，从中仔细品味作者细致平实文字的背后所传递出来的韵律和情感。

今春又路过故乡江苏宜兴县，热情的主人在匆忙中陪我去看灵谷洞。天微雨，主人感到有些遗憾。车窗外，雨洗过的茶场一片墨绿，像浓酣的水彩画。细看，密密点点的嫩绿新芽在闪亮；古树老干黑得像铁，柳丝分外妖柔，随雨飘摇；桃花，我立即记起潘天寿老师的题画诗"默看细雨湿桃花"，这个"湿"字透露了画家敏锐的审美触觉。

湿，渲染了山林、村落，改变了大自然的色调。山区的红土和绿竹，本来并不很协调，雨后，红土成了棕红色，草绿色的竹林也偏暗绿了，它们都渗进了深暗色的成分，统一于含灰的中间调里；或者说它们都含蕴着墨色了。衣服湿了，颜色变深，湿衣服穿在身上不舒服，但湿了的大自然景色却格外地有韵味。中国画家爱画风雨归舟，爱画"斜风细雨不须归"的诗境。因为雨，有些景物朦胧了，有些形象突出了，似乎那位宇宙大画家在挥写不同的画面，表达着不同的意境。

我自学过水彩画和水墨画后，便特别喜欢画阴天和微雨天的景色，我不喜欢英国古老风格的水彩画。我已往的水彩画可说是水墨画的变种，从意境和情趣方面看，模仿西洋的手法少，受益于中国画的成分多。西洋画中也有表现风雨的题材，但西洋画中是将风雨作为一种事故或大自然的变态来描写的，很少将阴雨作为一种欣赏对象的审美趣味来表现。西方风景画之独立始于印象派，印象派发源于阳光，画家们投靠阳光，说光就是画面的主人，因之一味分析色彩与阳光的物理关系，甚至说"黑"与"白"都不是色彩，而中西画家大都陶醉于阳光所刺激的强烈的色彩感，追求亮、艳、丽、华、鲜……多半是从"晴"派生出来的。

曾有画油画的人说：江南不宜画油画。大概就是因为江南阴雨多，或者他那油画技法只宜对付洋式的对象。数十年来，我感到在生活中每次表现不同对象时，永远需寻找相适应的技法，现成的西方的和我国传统的技法都不很合用。浓而滞的油画里有时要吸收水分，娇艳的色彩往往须渗进墨韵……人们喜欢晴天，有时也喜欢阴天，如果阴与晴中体现了两种审美趣味，则鱼和熊掌是可以兼得的。又画油画又画水墨，我的这两个画种都不纯了，只是用了两种不同的工具而已，头发都灰白了，还拿不定主意该定居到油画布上呢，还是从此落户在水墨之乡了！

一、加下画线字的拼音全部正确的一项是（　　）。

<u>嫩</u>绿　　　　<u>分</u>外　　　　<u>渗</u>进

A. nèng　　　　fèn　　　　shèn

B. nèn　　　　 fēn　　　　sèn

C. nèn　　　　 fèn　　　　shèn

二、"天微雨，主人感到有些遗憾"一句中，名词活用为动词的词语是（　　）。

A.天　　　　　B.雨　　　　　C.主人

三、作者是如何在实践中体现创作观点的？

四、你对作者的观点作何评价？

14　雷　雨（节选）

曹　禺

《雷雨》是著名戏剧家曹禺先生的成名作，也是代表作之一。课文节选的是剧中第二幕。大矿业主周朴园，与被自己抛弃的侍女鲁侍萍和其子鲁大海相见，引发了激烈冲突和暗流滚滚的矛盾。情节扣人心弦，人物形象丰满鲜明。

阅读本文，分析戏剧冲突中的主要矛盾，揭示了周朴园、鲁侍萍、鲁大海三个人物怎样的性格特征？探究造成周、鲁两家恩怨纠葛的原因有哪些？

　　　　　　　　午饭后，天气更阴沉，更郁热。低沉潮湿的空气，使人异常烦躁。
　　　　　　　　……

周朴园　　（点着一支吕宋烟，看见桌上的雨衣，向侍萍）
　　　　　　这是太太找出来的雨衣么？

鲁侍萍　　（看着他）大概是的。

周朴园　　不对，不对，这都是新的。我要我的旧雨衣，你回头跟太太说。

鲁侍萍　　嗯。

周朴园　　（看她不走）你不知道这间房子底下人不准随便进来么？

鲁侍萍　　不知道，老爷。

周朴园　　你是新来的下人？

鲁侍萍　　不是的，我找我的女儿来的。

周朴园　　你的女儿？

鲁侍萍　　四凤是我的女儿。
周朴园　　那你走错屋子了。
鲁侍萍　　哦。——老爷没有事了。
周朴园　　（指窗）窗户谁叫打开的？
鲁侍萍　　哦。（很自然地走到窗前，关上窗户，慢慢地走向中门。）
周朴园　　（看她关好窗门，忽然觉得她很奇怪）你站一站。（侍萍停）
周朴园　　你——你贵姓？
鲁侍萍　　我姓鲁。
周朴园　　姓鲁。你的口音不像北方人。
鲁侍萍　　对了，我不是，我是江苏的。
周朴园　　你好像有点无锡口音。
鲁侍萍　　我自小就在无锡长大的。
周朴园　　（沉思）无锡？嗯，无锡，（忽而）你在无锡是什么时候？
鲁侍萍　　光绪二十年，离现在有三十多年了。
周朴园　　哦，三十年前你在无锡？
鲁侍萍　　是的，三十多年前呢，那时候我记得我们还没有用洋火呢。
周朴园　　（沉思）三十多年前，是的，很远啦，我想想，我大概是二十多岁的时候。那时候我还在无锡呢。
鲁侍萍　　老爷是那个地方的人？
周朴园　　嗯，（沉吟）无锡是个好地方。
鲁侍萍　　哦，好地方。
周朴园　　你三十年前在无锡么？
鲁侍萍　　是，老爷。
周朴园　　三十年前，在无锡有一件很出名的事情——
鲁侍萍　　哦。
周朴园　　你知道么？
鲁侍萍　　也许记得，不知道老爷说的是哪一件？
周朴园　　哦，很远了，提起来大家都忘了。
鲁侍萍　　说不定，也许记得的。
周朴园　　我问过许多那个时候到过无锡的人，我也派人到无锡打听过。可是那个时候在无锡的人，到现在不是老了就是死了。活着的多半是不知道的，或者忘了。不过也许你会知道。三十年前在无锡有一家姓梅的。
鲁侍萍　　姓梅的？
周朴园　　梅家的一个年轻小姐，很贤惠，也很规矩。有一天夜里，忽然地投水死了。后来，后来，——你知道么？

鲁侍萍　　不敢说。

周朴园　　哦。

鲁侍萍　　我倒认识一个年轻的姑娘姓梅的。

周朴园　　哦？你说说看。

鲁侍萍　　可是她不是小姐，她也不贤惠，并且听说是不大规矩的。

周朴园　　也许，也许你弄错了，不过你不妨说说看。

鲁侍萍　　这个梅姑娘倒是有一天晚上跳的河，可是不是一个。她手里抱着一个刚生下三天的男孩。听人说她生前是不规矩的。

周朴园　　（苦痛）哦！

鲁侍萍　　她是个下等人，不很守本分的。听说她跟那时周公馆的少爷有点不清白，生了两个儿子。生了第二个，才过三天，忽然周少爷不要她了。大孩子就放在周公馆，刚生的孩子她抱在怀里，在年三十夜里投河死的。

周朴园　　（汗涔涔地）哦。

鲁侍萍　　她不是小姐，她是无锡周公馆梅妈的女儿，她叫侍萍。

周朴园　　（抬起头来）你姓什么？

鲁侍萍　　我姓鲁，老爷。

周朴园　　（喘出一口气，沉思地）侍萍，侍萍，对了。这个女孩子的尸首，说是有一个穷人见着埋了。你可以打听到她的坟在哪儿么？

鲁侍萍　　老爷问这些闲事干什么？

周朴园　　这个人跟我们有点亲戚。

鲁侍萍　　亲戚？

周朴园　　嗯，——我们想把她的坟墓修一修。

鲁侍萍　　哦，——那用不着了。

周朴园　　怎么？

鲁侍萍　　这个人现在还活着。

周朴园　　（惊愕）什么？

鲁侍萍　　她没有死。

周朴园　　她还在？不会吧？我看见她河边上的衣服，里面有她的绝命书。

鲁侍萍　　她又被人救活了。

周朴园　　哦，救活啦？

鲁侍萍　　以后无锡的人是没见着她，以为她那夜晚死了。

周朴园　　那么，她呢？

鲁侍萍　　一个人在外乡活着。

周朴园　　那个小孩呢？

鲁侍萍　　也活着。

周朴园　　（忽然立起）你是谁？

鲁侍萍　　我是这儿四凤的妈，老爷。

周朴园　　哦。

鲁侍萍　　她现在老了，嫁给一个下等人，又生了个女孩，境况很不好。

周朴园　　你知道她现在在哪儿？

鲁侍萍　　我前几天还见着她！

周朴园　　什么？她就在这儿？此地？

鲁侍萍　　嗯，就在此地。

周朴园　　哦！

鲁侍萍　　老爷，您想见一见她么？

周朴园　　（连忙）不，不，不用。

鲁侍萍　　她的命很苦。离开了周家，周家少爷就娶了一位有钱有门第的小姐。她一个单身人，无亲无故，带着一个孩子在外乡，什么事都做：讨饭，缝衣服，当老妈子，在学校里伺候人。

周朴园　　她为什么不再找到周家？

鲁侍萍　　大概她是不愿意吧。为着她自己的孩子，她嫁过两次。

周朴园　　嗯，以后她又嫁过两次。

鲁侍萍　　嗯，都是很下等的人。她遇人都很不如意，老爷想帮一帮她么？

周朴园　　好，你先下去吧。

鲁侍萍　　老爷，没有事了？（望着朴园，泪要涌出。）

周朴园　　啊，你顺便去告诉四凤，叫她把我樟木箱子里那件旧雨衣拿出来，顺便把那箱子里的几件旧衬衣也捡出来。

鲁侍萍　　旧衬衣？

周朴园　　你告诉她在我那顶老的箱子里，纺绸的衬衣，没有领子的。

鲁侍萍　　老爷那种绸衬衣不是一共有五件？您要哪一件？

周朴园　　要哪一件？

鲁侍萍　　不是有一件，在右袖襟上有个烧破的窟窿，后来用丝线绣成一朵梅花补上的？还有一件——

周朴园　　（惊愕）梅花？

鲁侍萍　　旁边还绣着一个萍字。

周朴园　　（徐徐立起）哦，你，你，你是——

鲁侍萍　　我是从前伺候过老爷的下人。

周朴园　　哦，侍萍！（低声）是你？

鲁侍萍　　你自然想不到，侍萍的相貌有一天也会老得连你都不认识了。

周朴园不觉地望望柜上的相片，又望侍萍。

半响。

周朴园　（忽然严厉地）你来干什么？

鲁侍萍　不是我要来的。

周朴园　谁指使你来的？

鲁侍萍　（悲愤）命，不公平的命指使我来的！

周朴园　（冷冷地）三十年的工夫你还是找到这儿来了。

鲁侍萍　（怨愤）我没有找你，我没有找你，我以为你早死了。我今天没想到到这儿来，这是天要我在这儿又碰见你。

周朴园　你可以冷静点。现在你我都是有子女的人。如果你觉得心里有委屈，这么大年纪我们先可以不必哭哭啼啼的。

鲁侍萍　哼，我的眼泪早哭干了，我没有委屈，我有的是恨，是悔，是三十年一天一天我自己受的苦。你大概已经忘了你做的事了！三十年前，过年三十的晚上我生下你的第二个儿子才三天，你为了要赶紧娶那位有钱有门第的小姐，你们逼着我冒着大雪出去，要我离开你们周家的门。

周朴园　从前的旧恩怨，过了几十年，又何必再提呢？

鲁侍萍　那是因为周大少爷一帆风顺，现在也是社会上的好人物。可是自从我被你们家赶出来以后，我没有死成，我把我的母亲可给气死了，我亲生的两个孩子你们家里逼着我留在你们家里。

周朴园　你的第二个孩子你不是已经抱走了么？

鲁侍萍　那是你们老太太看着孩子快死了，才叫我带走的。（自语）哦，天哪，我觉得我像在做梦。

周朴园　我看过去的事不必再提了吧。

鲁侍萍　我要提，我要提，我闷了三十年了！你结了婚，就搬了家，我以为这一辈子也见不着你了；谁知道我自己的孩子偏偏要跑到周家来，又做我从前在你们家里做过的事。

周朴园　怪不得四凤这样像你。

鲁侍萍　我伺候你，我的孩子再伺候你生的少爷们。这是我的报应，我的报应。

周朴园　你静一静。把脑子放清醒点。你不要以为我的心是死了，你以为一个人做了一件于心不忍的事就会忘么？你看这些家具都是你从前顶喜欢的东西，多少年我总是留着，为着纪念你。

鲁侍萍　（低头）哦。

周朴园　你的生日——四月十八——每年我总记得。一切都照着你是正式嫁过周家的人看，甚至于你因为生萍儿，受了病，总要关窗户，这些习惯我都保留着，为的是不忘你，弥补我的罪过。

鲁侍萍　（叹一口气）现在我们都是上了年纪的人，这些话请你也不必说了。

周朴园	那更好了。那么我们可以明明白白地谈一谈。
鲁侍萍	不过我觉得没有什么可谈的。
周朴园	话很多。我看你的性情好像没有大改,——鲁贵像是个很不老实的人。
鲁侍萍	你不要怕。他永远不会知道的。
周朴园	那双方面都好。再有,我要问你的,你自己带走的儿子在哪儿?
鲁侍萍	他在你的矿上做工。
周朴园	我问,他现在在哪儿?
鲁侍萍	就在门房等着见你呢。
周朴园	什么?鲁大海?他!我的儿子?
鲁侍萍	就是他!他现在跟你完完全全是两样的人。
周朴园	(冷笑)这么说,我自己的骨肉在矿上鼓动罢工,反对我!
鲁侍萍	你不要以为他还会认你做父亲。
周朴园	(忽然)好!痛痛快快的!你现在要多少钱吧!
鲁侍萍	什么?
周朴园	留着你养老。
鲁侍萍	(苦笑)哼,你还以为我是故意来敲诈你,才来的么?
周朴园	也好,我们暂且不提这一层。那么,我先说我的意思。你听着,鲁贵我现在要辞退的。四凤也要回家。不过——
鲁侍萍	你不要怕,你以为我会用这种关系来敲诈你么?你放心,我不会的。大后天我就带着四凤回到我原来的地方。这是一场梦,这地方我绝对不会再住下去。
周朴园	好得很,那么一切路费,用费,都归我担负。
鲁侍萍	什么?
周朴园	这于我的心也安一点。
鲁侍萍	你?(笑)三十年我一个人都过了,现在我反而要你的钱?
周朴园	好,好,好,那么,你现在要什么?
鲁侍萍	(停一停)我,我要点东西。
周朴园	什么?说吧。
鲁侍萍	(泪满眼)我——我——我只要见见我的萍儿。
周朴园	你想见他?
鲁侍萍	嗯,他在哪儿?
周朴园	他现在在楼上陪着他的母亲看病。我叫他,他就可以下来见你。不过是——(顿)他很大了,——(顿)并且他以为他母亲早就死了的。
鲁侍萍	哦,你以为我会哭哭啼啼地叫他认母亲么?我不会那样傻的。我明白他的地位,他的教育,不容他承认这样的母亲。这些年我也学乖了,我只

想看看他，他究竟是我生的孩子。你不要怕，我就是告诉他，白白地增加他的烦恼，他也是不愿意认我的。

周朴园　　那么，我们就这样解决了。我叫他下来，你看一看他，以后鲁家的人永远不许再到周家来。

鲁侍萍　　好，我希望这一生不要再见你。

周朴园　　（由衣内取出支票，签好）很好，这是一张五千块钱的支票，你可以先拿去用。算是弥补我一点罪过。

　　　　　侍萍接过支票，把它撕了。

周朴园　　侍萍。

鲁侍萍　　我这些年的苦不是你拿钱算得清的。

周朴园　　可是你——

　　　　　外面争吵声，大海的声音："让开，我要进去。"三四个男仆声："不成，不成，老爷睡觉呢。"

周朴园　　（走至中门）来人！

　　　　　仆人由中门进。

周朴园　　谁在吵？

仆　人　　就是那个工人鲁大海！他不讲理，非见老爷不可。

周朴园　　哦。（沉吟）那你就叫他进来吧。等一等，叫人到楼上请大少爷下来，我有话问他。

仆　人　　是，老爷。（由中门下。）

周朴园　　（向侍萍）侍萍，你不要太固执。这一点钱你不收下将来你会后悔的。

　　　　　侍萍望着周朴园，一句话也不说。

　　　　　仆人领大海进。大海站在左边，三四个仆人立一旁。

鲁大海　　（见侍萍）妈，您还在这儿？

周朴园　　（打量大海）你叫什么名字？

鲁大海　　你不要同我摆架子，难道你不知道我是谁么？

周朴园　　我只知道你是罢工闹得最凶的工人。

鲁大海　　对了，一点儿也不错，所以才来拜望拜望你。

周朴园　　你有什么事吧？

鲁大海　　董事长当然知道我是为什么来的。

周朴园　　（摇头）我不知道。

鲁大海　　我们老远从矿上来，今天我又在你府上门房里从厅上六点钟一直等到现在，我就是要问问董事长，对于我们工人的条件，究竟是答应不答应？

周朴园　　哦，——那么，那三个代表呢？

鲁大海　　我跟你说吧，他们现在正在联络旁的工会呢。

周朴园　　哦，——他们没有告诉你旁的事情么？

鲁大海　　告诉不告诉与你没有关系。——我问你，你的意思，忽而软，忽而硬，究竟是怎么回事？

　　　　　周萍由饭厅上，见有人，想退回。

周朴园　　（看周萍）不要走，萍儿（望了一下侍萍。）

周　萍　　是，爸爸。

周朴园　　（指身侧）你站在这儿。（向大海）你这么只凭意气是不能交涉事情的。

鲁大海　　哼，你们的手段，我都明白。你们这样拖延时候，不过是想花钱收买少数不要脸的败类，暂时把我们骗在这儿。

周朴园　　你的见地也不是没有道理。

鲁大海　　可是你完全错了。我们这次罢工是团结的，有组织的。我们代表这次来，并不是来求你们。你听清楚，不求你们。你们答应就答应；不答应，我们一直罢工到底，我们知道你们不到两个月整个地就要关门的。

周朴园　　你以为你们那些代表们，那些领袖们都可靠么？

鲁大海　　至少比你们只认识洋钱的结合要可靠得多。

周朴园　　那么我给你一件东西看。

　　　　　周朴园在桌上找电报，仆人递给他；此时周冲偷偷由左书房进，在旁谛听。

周朴园　　（给大海电报）这是昨天从矿上来的电报。

鲁大海　　（拿过去读）什么？他们又上工了。（放下电报）不会。

周朴园　　矿上的工人已经在昨天早上复工，你当代表的反而不知道么？

鲁大海　　（怒）怎么矿上警察开枪打死三十个工人就白打了么？（笑起来）哼，这是假的。你们用自己假作的电报来离间我们，你们这种卑鄙无赖的行为！

周　萍　　（忍不住）你是谁？敢在这儿胡说？

周朴园　　没有你的话！（向大海）你就这样相信你那同来的几个代表么？

鲁大海　　你不用多说，我明白你这些话的用意。

周朴园　　好，那我把那复工的合同给你瞧瞧。

鲁大海　　（笑）你不要骗小孩子，复工的合同没有我们代表的签字是不生效力的。

周朴园　　合同！

　　　　　仆人进书房把合同拿给周朴园。

周朴园　　你看，这是他们三个人签字的合同。

鲁大海　　（看合同）什么？（慢慢地）他们三个人签了字？（伸手去拿，想仔细看一看）他们不告诉我，自己就签了字了？

周朴园　　（顺手抽过来，交给仆人）对了，傻小子，没有经验只会胡喊是不成的。

鲁大海　　那三个代表呢？
周朴园　　昨天晚车就回去了。
鲁大海　　（如梦初醒）这三个没有骨头的东西！他们就把矿上的工人们卖了！哼，你们这些不要脸的董事长，你们的钱这次又灵了。
周　萍　　（怒）你混账！
周朴园　　不许多说话。（回头向大海）鲁大海，你现在没有资格跟我说话——矿上已经把你开除了。
鲁大海　　开除了！？
周　冲　　爸爸，这是不公平的。
周朴园　　（向周冲）你少多嘴，出去！
　　　　　周冲愤然由中门下。
鲁大海　　好，好。（切齿）你的手段我早明白，只要你能弄钱，你什么都做得出来。你叫警察杀了矿上许多工人，你还——
周朴园　　你胡说！
鲁侍萍　　（至大海前）走吧，别说了。
鲁大海　　哼，你的来历我都知道，你从前在哈尔滨包修江桥，故意叫江堤出险，——
周朴园　　（厉声）下去！
仆人们　　（拉大海）走！走！
鲁大海　　你故意淹死了两千二百个小工，每一个小工的性命你扣三百块钱！姓周的，你发的是绝子绝孙的昧心财！你现在还——
周　萍　　（冲向大海，打了他两个嘴巴）你这种混账东西！
　　　　　大海还手，被仆人们拉住。
周　萍　　打他！
鲁大海　　（向周萍）你！
　　　　　仆人们一齐打大海。大海流了血。
周朴园　　（厉声）不要打人！
　　　　　仆人们住手，仍拉住大海。
鲁大海　　（挣扎）放开我，你们这一群强盗！
周　萍　　（向仆人们）把他拉下去！
鲁侍萍　　（大哭）这真是一群强盗！（走至周萍面前）你是萍，……凭——凭什么打我的儿子？
周　萍　　你是谁？
鲁侍萍　　我是你的——你打的这个人的妈。
鲁大海　　妈，别理这东西，小心吃了他们的亏。

鲁侍萍　　（呆呆地望着周萍的脸，又哭起来）大海，走吧，我们走吧！
　　　　　大海为仆人们拥下，侍萍随下。
……

一、填空题

1. 曹禺，原名（　　　　），他于1933年在大学读书时就写成了处女作（　　　　　　）。此后又陆续写出了《日出》、《蜕变》、《北京人》和《原野》等优秀剧作。新中国成立后还写过历史剧《胆剑篇》、《王昭君》。

2. 《雷雨》通过描写（　　　　）、（　　　　）两个家庭，（　　　　）个人物，前后30年的纠葛，表现了旧家庭的罪恶。课文所选的这场戏写的（　　　　　　　　）矛盾冲突。

二、曹禺作品很讲究戏剧冲突。周朴园、鲁侍萍、周萍、鲁大海四人之间是什么关系？他们之间的矛盾，从亲缘关系角度分析是什么矛盾？本质上又是什么矛盾？

三、剧中人物的语言（也叫"台词"）是交代情节、展开矛盾、刻画人物、表现主题的主要手段，有的台词背后还含有丰富的言外之意。请从周朴园、鲁侍萍、鲁大海的台词中选出几例加以分析。

四、分析周朴园与鲁侍萍的人物形象。

15　《诗经》二首

《诗经》是我国第一部诗歌总集，共收录了从西周到春秋中期约500年间的诗歌305篇。本课选取的两首是抒情诗，诵读时要读出诗歌的节奏感和回环复沓之美。

《关雎》这首诗，通过一个男子在河边遇到一个采摘荇菜的姑娘，并为姑娘的勤劳、美貌和娴静而动心，随之引起了强烈的爱慕之情，在梦里也会梦见那位姑娘的一系列追求过程，充分表现了古代劳动人民内心对美好爱情的向往和追求，突出表达了青年男女健康、真挚的思想感情。本篇是诗经的首篇，更加表明了关雎在古代人们心中的地位。

《静女》是一首爱情诗歌，在诗人心里，自己心爱的女子美丽温柔又娴静,他早早地赶到约会地点,却看不到心上人来赴约的倩影。等待中的诗人急得是抓耳挠腮,不住地徘徊。她送的彤管是那么的好看,爱不释手;还有荑草是格外的美丽!诗歌的语言虽然平淡,但却表达了诗人纯真而质朴的感情。诵读时,宜用自然的停顿,读出诗歌优美和谐的旋律,并于重章迭唱中体会诗歌的节奏美。

在琅琅的诵读声中,你是否已经为那流传千古的唯美爱情所打动?

关 雎

关关雎鸠,在河之洲。
窈窕淑女,君子好逑。

参差荇菜,左右流之。
窈窕淑女,寤寐求之。

求之不得,寤寐思服。
悠哉悠哉,辗转反侧。

参差荇菜,左右采之。
窈窕淑女,琴瑟友之。

参差荇菜,左右芼之。
窈窕淑女,钟鼓乐之。

静 女

静女其姝,俟我于城隅。爱而不见,搔首踟蹰。
静女其娈,贻我彤管。彤管有炜,说怿女美。
自牧归荑,洵美且异。匪女之为美,美人之贻。

课后训练

一、填空题

1.《诗经》原名_____或_____,共收录从西周初期到春秋中期的诗歌____首。它是我国第一部_____。《诗经》"六义"是指_____。

2.《诗经》的内容分为_____、_____、_____三部分，表现手法为_____。

二、表达交流

爱情，是人类生活中最美好的情感之一。它给人带来甜蜜、幸福，但也上演了很多悲剧。古往今来，很多人对爱情谈出了自己的看法，给人以启发和教育。请把你知道的写在下面，并与同学们交流。

三、思维训练

老约翰过去是个商人，但后来破产了，他孤身一人搬到约克镇的乡下，过着冷清的生活。一天晚上他在卧室中生了一个炭炉，接着便睡觉了。睡着之后，他做了一个恶梦，梦见一个原来的仇家趁他不备，用绳子勒死了他。

第二天早晨邮递员送一封电报，却发现老约翰家门窗紧闭，敲门里面没人应。从卧室的窗户看到老约翰已经倒在床下死了。警方没有找出任何他杀的痕迹，便断定老约翰是一氧化碳中毒死亡。

上面叙述的老约翰临死前和死时的情况，都是约克镇的乡民们讲述的。细心的读者，你能发现其中的谬误吗？

四、背诵《关雎》、《静女》。

16　劝　　学

荀　子

《劝学》是一篇古代劝勉学习的文章。

《劝学》是《荀子》一书的开篇之作，课文是从《劝学》篇里节选的三段，主要论述了学习的重要意义、作用和学习应该持有的重要态度。

文章开头提出了"学不可以已"的中心论点，然后从不同角度，反复论证了人的知识、才能、品德不是天生就有，而是通过不断学习和积累获得的。即使是圣人的思想，也可以在不断学习和积累中具备，所以任何人在学习上都应该专心致志，持之以恒。

文章巧妙地运用大量比喻来说理是本文的一个突出特点，所用喻体都是生活中常见的事物，浅近贴切，把抽象的道理说得浅显易懂，不仅增强了文章的说服力，而且使文章显得生动、活泼。

文中有很多语句富有哲理，学习时要仔细体味。课文中的哪些观点今天仍然值得我们借鉴？哪些说法有不足之处？

君子曰：学不可以已。

青，取之于蓝而青于蓝；冰，水为之而寒于水。木直中绳，輮以为轮，其曲中规；虽有槁暴，不复挺者，輮使之然也。故木受绳则直，金就砺则利，君子博学而日参省乎己，则知明而行无过矣。

吾尝终日而思矣，不如须臾之所学也；吾尝跂而望矣，不如登高之博见也。登高而招，臂非加长也，而见者远；顺风而呼，声非加疾也，而闻者彰。假舆马者，非利足也，而致千里；假舟楫者，非能水也，而绝江河。君子生非异也，善假于物也。

积土成山，风雨兴焉；积水成渊，蛟龙生焉；积善成德，而神明自得，圣心备焉。故不积跬步，无以至千里；不积小流，无以成江海。骐骥一跃，不能十步；驽马十驾，功在不舍。锲而舍之，朽木不折；锲而不舍，金石可镂。蚓无爪牙之利，筋骨之强，上食埃土，下饮黄泉，用心一也。蟹六跪而二螯，非蛇鳝之穴无可寄托者，用心躁也。

一、请给出下列加下画线字的拼音。

木直中（　　）绳　　　　舟楫（　　）

须臾（　　）　　　　　　槁暴（　　）

跂（　　）而望　　　　　筋（　　）骨

参（　　）省（　　）　　锲（　　）而舍之

驽（　　）马　　　　　　金石可镂（　　）

舆（　　）马　　　　　　蛇鳝（　　）

二、与例句句式相同的一句是（　　）。

例句：蚓无爪牙之利、筋骨之强

A．求人可使报秦者

B．甚矣，汝之不惠

C．自古以来，未之尝闻

D．輮以为轮，其曲中规

三、翻译下列各句。

（1）青，取之于蓝，而青于蓝：

（2）不如须臾之所学也：

（3）故不积跬步，无以至千里：

（4）驽马十驾，功在不舍：

（5）假舟楫者，非能水也，而绝江河：

（6）积善成德，而神明自得，圣心备焉：

（7）蟹六跪而二螯，非蛇鳝之穴无可寄托者，用心躁也：

四、在语言的演变过程中，有些基本词汇古今没有变化。有些词却随着事物的变化而发生了意义上的变化，这种现象称为古今异义现象。解释下列加点词的古今义。

（1）君子博学而日参省乎己，则知明而行无过矣。

（2）蟹六跪而二螯，非蛇鳝之穴无可寄托者，用心躁也。

（3）木直中绳，𫐓以为轮，其曲中规。

五、思考题

1. 本文运用哪些比喻来说明"君子性非异也，善假于物也"这一道理？

2. 找出文章中的名句和成语。

六、讨论题

当今社会是"知识改变命运、学习成就人生"的社会，人们比以往任何时候都更加注重学习。学习这篇文章，在哪些方面对我们仍然具有借鉴意义？

17 师 说

韩 愈

阅读提示

韩愈是唐代著名的大诗人，是唐代古文运动的提倡者。他主张文以载道，恢复先秦两汉的优秀散文传统。

《师说》是韩愈的代表作品之一，作者针对魏晋以来的门第观念和"耻学于师"的坏风气，抨击时弊，弘扬师道。文章论述了教师的作用和从师的标准，其中对教师职责和择师原则的论述，至今仍然很有现实意义。

本文结构严谨，雄辩有力。对比法和例证法的运用，使文章极具说服力。排比和对偶句式的反复运用也增强了文章的气势。

学习本文，应该反复朗读，在整体感知的基础上掌握文章的中心内容，进而背诵课文。

古之学者必有师。师者，所以传道受业解惑也。人非生而知之者，孰能无惑？惑而不从师，其为惑也，终不解矣。生乎吾前，其闻道也固先乎吾，吾从而师之；生乎吾后，其闻道也亦先乎吾，吾从而师之。吾师道也，夫庸知其年之先后生于吾乎？是故无贵无贱，无长无少，道之所存，师之所存也。

嗟乎！师道之不传也久矣！欲人之无惑也难矣！古之圣人，其出人也远矣，犹且从师而问焉；今之众人，其下圣人也亦远矣，而耻学于师。是故圣益圣，愚益愚。圣人之所以为圣，愚人之所以为愚，其皆出于此乎？爱其子，择师而教之；于其身也，则耻师焉，惑矣。彼童子之师，授之书而习其句读者，非吾所谓传其道解其惑者也。句读之不知，惑之不解，或师焉，或不焉，小学而大遗，吾未见其明也。巫医乐师百工之人，不耻相师。士大夫之族，曰师曰弟子云者，则群聚而笑之。问之，则曰："彼与彼年相若也，道相似也。位卑则足羞，官盛则近谀。"呜呼！师道之不复可知矣。巫医乐师百工之人，君子不齿，今其智乃反不能及，其可怪也欤！

圣人无常师。孔子师郯子、苌弘、师襄、老聃。郯子之徒，其贤不及孔子。孔子曰："三人行，则必有我师。"是故弟子不必不如师，师不必贤于弟子，闻道有先后，术业有专攻，如是而已。

李氏子蟠，年十七，好古文，六艺经传皆通习之，不拘于时，学于余。余嘉其能行古道，作《师说》以贻之。

课后训练

一、填空题

1. 韩愈，字_____，世称_____，卒谥"_____"，作品集有_____。他是唐代"_____"的倡导者，后人称之为"文起八代之衰"，位列"唐宋八大家"之首，其余七大家为_____、_____、_____、_____、_____、_____、_____。

2. 用课文原文回答下列问题：
①教师的职能是什么？_____；
②择师的标准是什么？_____；
③作者引述孔子的言行得出了什么结论？_____，_____，_____，_____。

二、选择题

1. 下列词语中画线字的拼音全正确的一组是（　　）。

A. 郯(tán)子　　　　六艺经传(chuán)　　　贻(yí)
B. 句读(dòu)　　　　苌(chāng)弘　　　　　聃(dān)
C. 阿谀(yú)　　　　　授(shòu)之书　　　　蟠(pān)
D. 或否(fǒu)焉　　　谄(chǎn)媚　　　　　嗟(jiē)乎

2. 下列句子停顿不正确的一句是（　　）。

A．师道之不传也/久矣　　　　　　B．其闻道也/固先乎吾

C．夫/庸知其年之先后生于吾乎　　D．吾从而/师之

3. 对下列句子中画线词语的解释，不正确的一项是（　　）。

A．作《师说》以贻之　　贻：赠送

B．不耻相师　　　　　　师：老师

C．师道之不传也久矣　　道：风尚

D．其闻道也亦先乎吾　　闻：懂得

4. 从句式特征看，与"师者，所以传道受业解惑也"一句相同的一项是（　　）。

A．道之所存，师之所存也　　　　B．句读之不知，惑之不解

C．不拘于时，学于余　　　　　　D．圣人无常师

5. 下列加点词语解释正确的一项是（　　）。

A．六艺经传皆通习之　　　　传：流传

B．作《师说》以贻之　　　　贻：赠予

C．授之书而习其句读者　　　读：句中的停顿

D．位卑则足羞，官盛则近谀　谀：阿谀，奉承

6. 下列加点词语的含义与现在的用法，分析正确的一组是（　　）。

（1）古之学者必有师。

（2）师者，所以传道受业解惑也。

（3）今之众人，其下圣人也亦远矣，而耻学于师。

（4）小学而大遗，吾未见其明也。

（5）弟子不必不如师，师不必贤于弟子。

（6）年十七，好古文。

A．全不相同　　　　　　B．(2)(3)(5)和现在的用法相同

C．全都相同　　　　　　D．(1)(3)(6)和现在的用法相同

三、谈谈你对"师者，所以传道受业解惑也"的看法。

第六单元

经典诵读

1 《论语》十则

阅读提示

　　《论语》是记载孔丘及其一部分弟子言行的语录体文集，是我国古代文献中的一部巨著，是中华民族优秀的文化遗产，对我国几千年的封建政治、思想、文化产生了巨大影响。即使在今天，其精华部分依然为人们所效法。

　　《论语十则》是从《论语》中节选的有关学习方法、学习态度及修身做人的十条语录。一则，就是《论语》中的一章，其中第一、二则见于《学而》篇，第三、四、五则见于《为政》篇，第六则见于《里仁》篇，第七则见于《述而》篇，第八则见于《泰伯》篇，第九则见于《子罕》，第十则为《卫灵公》。这十则语录都是格言警句，每一则都表达了精深的道理，是孔子教育思想中最有价值的部分。这些语录，不仅内容丰富，而且文字也颇具特色，句式整齐，音调和谐，读起来相当流畅，富有感染力。

第一则：为人处事

子曰："学而时习之，不亦说乎？有朋自远方来，不亦乐乎？人不知而不愠，不亦君子乎？"——《学而》

第二则：为人处事

曾子曰："吾日三省吾身：为人谋而不忠乎？与朋友交而不信乎？传不习乎？"——

《学而》

第三则：学习方法

子曰："温故而知新，可以为师矣。"——《为政》

第四则：学习与思考的辩证关系

子曰："学而不思则罔，思而不学则殆。"——《为政》

第五则：学习态度

子曰："由，诲汝知之乎!知之为知之，不知为不知，是知（zhì）也。"——《为政》

第六则：学习态度

子曰："见贤思齐焉，见不贤而内自省也。"——《里仁》

第七则：学习态度

子曰："三人行，必有我师焉。择其善者而从之，其不善者而改之。"——《述而》

第八则：修身做人

曾子曰："士不可以不弘毅，任重而道远。仁以为己任，不亦重乎？死而后已，不亦远乎？"——《泰伯》

第九则：修身做人

子曰："岁寒，然后知松柏之后凋也。"——《子罕》

第十则：修身做人

子贡问曰："有一言而可以终身行之者乎？"子曰："其恕乎!己所不欲，勿施于人。"——《卫灵公》

一、填空题

1. 文学常识填空

（1）孔子名___，字____，_____时期鲁国人。他是我国古代伟大的____家，____家，是____家学派创始人。

（2）《论语》是____家学派经典著作之一，内容是记录____及其门徒的_____，与_____、_____、_____合称"四书"。

2．按原文填空

（1）学而时习之，_____？有朋自远方来_____？

（2）吾日三省吾身：_____？_____？_____？

（3）_____，思而不学则殆。

（4）_____，_____，是知也。

（5）三人行，_____。_____，_____。

（6）任重而道远_____，不亦重乎？_____，不亦远乎？

（7）岁寒，_____。

（8）其恕乎!_____，_____。

3．按理解填空

（1）《论语》中认为能保持君子风格的一句是："_____，_____。"

（2）谈"学"与"思"辩证关系的句子是："_____，_____。"

（3）唐太宗有一句名言，"以人为鉴，可以知得失"。由此可以联想到《论语》中孔子的话，它是"_____，_____。"

（4）在全国中学生夏令营大连会场开营仪式上，主持人说："孔子说过'_____，_____？'，对远道而来的朋友，我们感到由衷的高兴，欢迎大家来到大连！"

（5）孔子认为认识事物的正确态度是"_____，_____。"

（6）曾子以为治学的人应该重视品德修养的句子"_____，_____。"

（7）《论语》中说向一切人学习，随时随地都要注意学习的句子是"_____。"

（8）论述要学习别人的长处，还要借鉴别人的短处的句子是："_____。"

（9）孔子认为可以终身奉行的一个字是："____"，并阐述为"_____，_____。"

二、认真阅读课文，独立完成以下作业

1．翻译下列句子

（1）人不知而不愠，不亦君子乎？

（2）为人谋而不忠乎？与朋友交而不信乎？

（3）温故而知新，可以为师矣。

（4）见贤思齐焉，见不贤而内自省也。

（5）三人行，必有我师焉。

（6）不可以不弘毅，任重而道远。

（7）岁寒，然后知松柏之后凋也。

（8）己所不欲，勿施于人。

2．按要求从本文找出例句

学习方法_____ _____ _____

学习态度_____ _____ _____

品德修养_____ _____ _____

3. 从本文找出几个成语，并解释其中三个。
4. 你对《论语》十则的哪一则感受最深？谈谈你的理解。

 2 将 进 酒

李 白

唐诗是我国文学领域的一朵奇葩，具有极高的社会认识价值和审美意义。《将进酒》是著名大诗人李白的一首饮酒诗，向来被视作李白的巅峰之作。诗人借酒放歌，一吐胸中理想难以实现的郁闷，其中所显示的超凡脱俗、鄙视功名利禄的高贵精神气质，反映出李白独特的人格魅力。全诗感情奔放、气势磅礴，洋溢着诗人的人生豪迈，读来令人震撼。

> 君不见黄河之水天上来，奔流到海不复回。
> 君不见高堂明镜悲白发，朝如青丝暮成雪。
> 人生得意须尽欢，莫使金樽空对月。
> 天生我材必有用，千金散尽还复来。
> 烹羊宰牛且为乐，会须一饮三百杯。
> 岑夫子，丹丘生，将进酒，杯莫停。
> 与君歌一曲，请君为我倾耳听。
> 钟鼓馔玉不足贵，但愿长醉不复醒。
> 古来圣贤皆寂寞，唯有饮者留其名。
> 陈王昔时宴平乐，斗酒十千恣欢谑。
> 主人何为言少钱，径须沽取对君酌。
> 五花马，千金裘，呼儿将出换美酒，与尔同销万古愁。

一、填空

李白，字_____，号_____，被后人称为_____，他的诗歌特色是

_____。_____他的代表作_____，其中"将"的正确读音是_____，这首诗实际上是一首_____。

二、选出对诗句翻译正确的一项

1. 高堂明镜悲白发，朝如青丝暮成雪。（　　）

A. 可悲的是从高大厅堂的明镜里看到自己的头发已变白，早晨还像青丝一般黑，傍晚已成了雪白。

B. 可叹那明镜里父母的头发已经变白，早晨还像青丝一般黑，傍晚已成了雪白。

C. 可叹那明镜里父母的头发已经变白，早晨还是一根根的青丝，傍晚已成了白雪。

D. 可悲的是从高大厅堂的明镜里看到自己的头发已变白，早晨还像一根根的青丝，傍晚已变成了白雪。

2. 陈王昔时宴平乐，斗酒十千恣欢谑。（　　）

A. 陈王曹植从前设宴时非常的平和与欢乐，喝一斗酒赏十千钱，纵情地欢乐。

B. 陈王曹植从前设宴时非常的平和与欢乐，喝着千钱一斗的名贵酒，纵情地欢乐。

C. 陈王曹植从前在平乐观设宴，喝着千钱一斗的名贵酒，纵情地欢乐。

D. 陈王曹植从前在平乐观设宴，喝一斗酒赏十千钱，纵情地欢乐。

三、举例分析诗歌中夸张手法的运用。

3 宋词二首

宋词是我国古典文学继唐诗的又一高峰。按照其艺术风格，宋词可以分为豪放派和婉约派两大流派。

《念奴娇·赤壁怀古》是豪放派的典型代表。这首词被誉为"千古绝唱"的名作，是宋词中流传最广、影响力最大的作品之一。该词是苏轼贬居黄州游览赤壁矶时所作；它以怀古为题，透过历史的烟云，抒发了诗人对人生的无限感慨和深沉思索。

《雨霖铃》是婉约派的典型代表。这首词是柳永所写的离开南京时长亭送别的情景，写得缠绵悱恻、凄切动人。该词上阕描绘的是一对恋人依依惜别的画面，重在描写环境与情态；下阕抒发的是离别后的痛苦，重在刻画心理。在写作特点上，这首词是情景交融，虚实结合，感人至深。

念奴娇·赤壁怀古

苏 轼

大江东去，浪淘尽，千古风流人物。故垒西边，人道是，三国周郎赤壁。乱石穿空，惊涛拍岸，卷起千堆雪。江山如画，一时多少豪杰。

遥想公瑾当年，小乔初嫁了，雄姿英发。羽扇纶巾，谈笑间，樯橹灰飞烟灭。故国神游，多情应笑我，早生华发。人生如梦，一樽还酹江月。

雨 霖 铃

柳 永

寒蝉凄切，对长亭晚，骤雨初歇。都门帐饮无绪，留恋处，兰舟催发。执手相看泪眼，竟无语凝噎。念去去，千里烟波，暮霭沉沉楚天阔。

多情自古伤离别，更那堪冷落清秋节！今宵酒醒何处？杨柳岸，晓风残月。此去经年，应是良辰好景虚设。便纵有千种风情，更与何人说。

一、选择题

1. 下列词语中画线字的拼音全都正确的一组是（　　　）。

   A. 凄切（qiè）　　　执拗(niù)　　　良辰(chén)美景

   B. 凝噎（yè）　　　吮(yǔn)吸　　　遂(suì)心如意

   C. 辑(jí)录　　　恪(kè)守　　　数见不鲜(xiān)

   D. 血(xuè)液　　　脑髓(suǐ)　　　兰舟催发(fā)

2. 下面是对词句中加点词语的解释，有误的一项是（　　　）。

   A. 都门帐饮无绪　　无绪：没有心绪，没有好心情。

   B. 竟无语凝噎　　　凝噎：因为激动，嗓子被气憋住了，说不出话。

   C. 此去经年　　　　经年：经过一年。

   D. 卷起千堆雪　　　雪：比喻浪花。

3. 下面的诗（词）句与"杨柳岸，晓风残月"所用的表现手法不同的是（　　　）。

   A. 白马秋风塞上，杏花春雨江南。

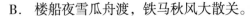

B. 楼船夜雪瓜舟渡，铁马秋风大散关。

C. 两情若是久长时，又岂在朝朝暮暮。

D. 鸡声茅店月，人迹板桥霜。

二、阅读《雨霖铃》，回答问题。

1. "寒蝉凄切，对长亭晚，骤雨初歇。"渲染了什么样的气氛？
2. "都门帐饮无绪，留恋处，兰舟催发。"表现了人物何种心态？
3. "念"字在全词中起何作用？
4. 对"寒蝉凄切，对长亭晚，骤雨初歇。"三句的作用理解正确的一项是（　　　）。

A. 渲染气氛。

B. 运用比喻，使形象更加鲜明。

C. 交代离别时间、地点和人物。

D. 运用排比增强气势。

5. "执手相看泪眼，竟无语凝噎。"在写法上正确的一项是（　　　）。

A. 运用夸张手法，表现人物感情。

B. 运用虚拟想象手法，表达深厚的感情。

C. 运用人物行为，烘托离愁别绪。

D. 运用白描手法，描写人物动作、情态。

6. 下列说法有误的一项是（　　　）。

A. 词有词牌，词牌是指词的题目。一般来说，一首词为一阕，"阕"在文字上指词的分段。

B. 词牌是指词的曲调名称。词的题目指填词用的题目，词的分段为上片、下片，或称上阕、下阕，因为一曲便是一阕。

C. 词牌指填词用的曲牌名，"念奴娇"、"永遇乐"之类便是；它们又是词的题目，而"赤壁怀古"、"京口北固亭怀古"之类只不过是副标题。一曲为一阕，阕在文字上指词的曲调。

D. 词，是歌词，是一种按照乐谱的曲调和节拍来填写，歌唱的文学作品，它和音乐有密切的关系。所以词的种种特点，大都是由它的性质所规定的。

7. "今宵酒醒何处？杨柳岸，晓风残月。"

（1）这句话描绘的"景"是（　　　）。

A. 幽静的　　B. 清凉的　　C. 凄冷的　　D. 明丽的

（2）这样的"景"表达的"情"是（　　　）。

A. 凄苦的　　B. 烦恼的　　C. 恬淡的　　D. 空虚的

4 琵琶行

白居易

《琵琶行》是一首歌行体长诗。诗人通过对琵琶女高超的弹奏技艺的描写和悲凉身世的叙述，表达了对琵琶女的深切同情，同时抒发了自己"同是天涯沦落人，相逢何必曾相识"的苦闷与感慨。全诗主题鲜明，脉络清晰，情感真挚，文辞优美，尤其是对音乐的描绘，显示出诗人高超的艺术造诣。仔细阅读诗前的小序，可以帮助我们更好地理解诗歌。

元和十年，予左迁九江郡司马。明年秋，送客湓浦口，闻舟中夜弹琵琶者。听其音，铮铮然有京都声。问其人，本长安倡女，尝学琵琶于穆、曹二善才。年长色衰，委身为贾人妇。遂命酒，使快弹数曲。曲罢悯然，自叙少小时欢乐事，今漂沦憔悴，转徙于江湖间。予出官二年，恬然自安，感斯人言，是夕始觉有迁谪意。因为长句，歌以赠之，凡六百一十六言。命曰《琵琶行》。

浔阳江头夜送客，枫叶荻花秋瑟瑟。主人下马客在船，举酒欲饮无管弦。
醉不成欢惨将别，别时茫茫江浸月。忽闻水上琵琶声，主人忘归客不发。
寻声暗问弹者谁？琵琶声停欲语迟。移船相近邀相见，添酒回灯重开宴。
千呼万唤始出来，犹抱琵琶半遮面。转轴拨弦三两声，未成曲调先有情。
弦弦掩抑声声思，似诉平生不得志。低眉信手续续弹，说尽心中无限事。
轻拢慢捻抹复挑，初为霓裳后六幺。大弦嘈嘈如急雨，小弦切切如私语。
嘈嘈切切错杂弹，大珠小珠落玉盘。间关莺语花底滑，幽咽泉流冰下难。
冰泉冷涩弦凝绝，凝绝不通声暂歇。别有幽愁暗恨生，此时无声胜有声。
银瓶乍破水浆迸，铁骑突出刀枪鸣。曲终收拨当心画，四弦一声如裂帛。
东船西舫悄无言，唯见江心秋月白。沉吟放拨插弦中，整顿衣裳起敛容。
自言本是京城女，家在虾蟆陵下住。十三学得琵琶成，名属教坊第一部。
曲罢曾教善才服，妆成每被秋娘妒。五陵年少争缠头，一曲红绡不知数。
钿头银篦击节碎，血色罗裙翻酒污。今年欢笑复明年，秋月春风等闲度。

弟走从军阿姨死，暮去朝来颜色故。门前冷落鞍马稀，老大嫁作商人妇。
商人重利轻别离，前月浮梁买茶去。去来江口守空船，绕船月明江水寒。
夜深忽梦少年事，梦啼妆泪红阑干。我闻琵琶已叹息，又闻此语重唧唧。
同是天涯沦落人，相逢何必曾相识！我从去年辞帝京，谪居卧病浔阳城。
浔阳地僻无音乐，终岁不闻丝竹声。住近湓江地低湿，黄芦苦竹绕宅生。
其间旦暮闻何物？杜鹃啼血猿哀鸣。春江花朝秋月夜，往往取酒还独倾。
岂无山歌与村笛，呕哑嘲哳难为听。今夜闻君琵琶语，如听仙乐耳暂明。
莫辞更坐弹一曲，为君翻作《琵琶行》。感我此言良久立，却坐促弦弦转急。凄凄不似向前声，满座重闻皆掩泣。座中泣下谁最多？江州司马青衫湿。

课后训练

一、填空

《琵琶行》的作者是_____，字_____，晚年号_____，他是继杜甫之后又一个伟大的_____诗人。他倡导_____运动，主张"文章合为时而著"，"歌诗合为事而作"。

二、大声朗读下列词语。

戏谑　　迁谪　　霓裳　　红绡　　幽咽　　钿头　　转徙

三、找出诗中广为流传的名句。

四、探讨本诗歌所要表达的思想内涵。

参 考 文 献

［1］司马彦．把司马彦请回家．钢笔楷书入门[M]．北京：电子工业出版社，2012．

［2］司马彦．把司马彦请回家．钢笔行书入门[M]．北京：电子工业出版社，2011．

［3］李天生．汉字组字规律[M]．沈阳：辽宁美术出版社，2011．

［4］倪文锦，于黔勋．语文（基础模块）上、下册[M]．北京：高等教育出版社，2009．

［5］倪文锦，于黔勋．语文（职业模块）[M]．北京：高等教育出版社，2009．

［6］赵大鹏．语文（基础模块、职业模块）[M]．北京：语文出版社，2010．

［7］王虹．中职生口语交际实训[M]．北京：高等教育出版社，2010．

［8］王虹．应用文情境写作训练[M]．北京：高等教育出版社，2010．

［9］马新国．应用文写作基础[M]．北京：北京邮电大学出版社，2008．

［10］陈佩玲，许国英．应用文写作[M]．北京：化学工业出版社，2008．

［11］项守信．硬笔书写练习[M]．上海：华东师范大学出版社，2012．

［12］袁行霈．语文（必修）[M]．2版．北京：人民教育出版社，2006．

［13］袁行霈．语文（选修）[M]．2版．北京：人民教育出版社，2006．